경제학-철학 수고

경제학–철학 수고
Ökonomisch-philosophische Manuskripte

카를 마르크스 Karl Marx

김태희 옮김

P 필로소픽

차례

옮긴이 서문 7
서문 15

제1수고	1 노동임금	26
	2 자본의 이윤	49
	a 자본	49
	b 자본의 이윤	51
	c 자본의 노동 지배와 자본가의 동기	57
	d 자본 축적과 자본가 간의 경쟁	58
	3 지대	76
	4 소외된 노동	98

| **제2수고** | 1 사유재산의 관계 | 122 |

제3수고	1 사유재산과 노동	136
	2 사유재산과 공산주의	143
	3 욕구와 생산	165
	4 분업	184
	5 화폐	194
	6 헤겔 변증법과 철학 일반에 대한 비판	203

| 일러두기 |

- 이 책은 Karl Marx, *Ökonomisch-philosophische Manuskripte*, Hamburg: Felix Meiner Verlag, 2005를 번역 판본으로 삼았다.
- 마르크스가 육필 원고에 로마숫자로 매긴 쪽수는 본문 중에 '| |'로 묶어 표시했다.
- 본문 바깥 여백에는 MEGA²로 통칭되는 《마르크스-엥겔스 전집 Karl Marx/ Friedrich Engels Gesamtausgabe》 중 해당 문헌이 실린 1부 2권 Karl Marx, "Ökonomisch-philosophische Manuskripte (Zweite Wiedergabe)", in: *Marx-Engels-Gesamtausgabe, Abt. I, Bd. 2, Werke, Artikel, Entwürfe, März 1843 bis August 1844*, Berlin, 1982의 쪽수를 표시했다.
- 마르크스가 육필 원고에 선을 그어 삭제한 부분은 '[ ]'로, 옮긴이의 보충 설명은 '〔 〕'로 묶어 표시했다. 또한 인용문 중간에 생략된 부분은 '(…)'로, 유실되거나 알아볼 수 없는 부분은 '[…]'로 표시했다.
- 각주는 모두 옮긴이의 주석이며, 옮긴이 주석은 번역 판본의 주석을 참고하여 새롭게 작성했다.

옮긴이 서문

1818년 독일(당시 프로이센)의 소도시 트리어에서 태어난 카를 마르크스는 본 대학과 베를린 대학에서 법학, 역사학, 철학을 공부했다. 당대 철학계를 압도하던 헤겔 철학의 영향을 받아 청년헤겔학파의 주요 인물로 성장했으나, 얼마 지나지 않아 이 학파에 대한 강력한 비판자로 변모하게 된다. 1841년 예나 대학에서 〈데모크리토스와 에피쿠로스 자연철학의 차이〉라는 논문으로 박사학위를 받았으나, 보수적인 프로이센에서 대학교수로 나아가는 진로를 포기하고, 1842년 쾰른에서 발행되던 《라인 신문》에 들어가 편집장으로서 프로이센 정부를 맹렬하게 비판한다. 바로 이 시기에 마르크스는 현실적 사안을 다루는 언론 활동을 하면서 점차 관심 범위를 사상뿐 아니라 경제로까지 확장하고, 청년헤겔학파와 결별하면서 급진적 민주주의에서 철학적 유물론 및 공산주의로 넘어가기 시작한다.

그러나 프로이센 정부의 탄압으로 《라인 신문》이 폐간된 후, 마르크스는 1843년 파리로 망명을 떠난다. 이 거대한 '유럽의 수도'에서 세계 각지에서 온 혁명가들을 비롯하여 새로운 사상을 설파하는 사회주의자들 그리고 무엇보다 노동자계급을 만난 마르크스는, 훗날 이 시기의 경험으로 경제 문제에 더 관심을 가지게 되었고 의식이 존재를 결정하는 것이 아니라 사회적 존재가 의식을 결정한다는 결론에 이르렀다고 회고한 바 있다.

파리에서 마르크스는 아르놀트 루게와 더불어 《독불연보》를 발간하고 〈유대인 문제에 관하여〉와 〈헤겔 법철학 비판 서문〉이라는 소논문을 기고했으며, 평생 동지가 될 프리드리히 엥겔스와 운명적으로 만났다. 특히 엥겔스가 《독불연보》에 기고한 〈국민경제학 비판 개요〉는 마르크스가 경제 문제에 더욱 큰 관심을 기울이게 만들었으며, 이러한 배경에서 마르크스는 《경제학-철학 수고》를 집필하기 시작했다. 그 후 1845년 파리에서도 추방당하여 브뤼셀로 넘어간 마르크스는 엥겔스와 《독일 이데올로기》(1845~1846 집필)와 《공산당 선언》(1848) 등을 함께 썼다.

마르크스는 1849년 런던으로 망명하여 세상을 떠날 때까지 34년 동안 머물며 경제학 연구에 몰두하여, 《정치경제학 비판 요강》, 《정치경제학 비판》 등을 집필했고, 1867년 마침내 《자본》 1권을 세상에 내놓는다. 《자본》 2권과 3권은 마르크스 사후에 엥겔스가 마르크스의 초고를 기초로 삼아 각각 1885년과 1894년에 출간했다. 마르크스는 이러한 이론적 활동과 더불어, 국제노동자

협회(제1인터내셔널)를 주도하는 등 실천적 활동도 게을리하지 않았다. 1883년 향년 64세로 세상을 떠났다.

《경제학-철학 수고》는 1844년 당시 스물여섯 살의 마르크스가 파리에서 망명 생활을 하는 동안 집필했다. 마르크스는 《경제학-철학 수고》의 〈서문〉 첫 문장에서, 헤겔 법철학에 대한 비판의 형식으로 법학 및 국가학을 비판하겠다고 《독불연보》 기고문에 썼던 자신의 예고를 상기시키고, 이러한 사변에 대한 비판을 넘어 국민경제학, 즉 고전파 경제학을 다루겠다고 선언한다. 마르크스는 국민경제학을 실증적으로 비판하기 위하여 사회주의자들의 다양한 연구를 참조하였음을 밝힌다.

〈서문〉 다음에는 세 편의 수고가 이어진다. 그 주요 내용은 〈제1수고〉와 〈제2수고〉 및 〈제3수고〉 전반부의 '국민경제학 비판', 〈제1수고〉의 '소외된 노동', 〈제3수고〉의 '헤겔 변증법 비판' 등 세 가지라고 할 수 있다(〈서문〉 및 세 편의 수고와 관련된 문헌학적 해설은 본문 각주에서 상세히 다룰 것이다).

《경제학-철학 수고》의 내용을 '국민경제학 비판', '소외된 노동', '헤겔 변증법 비판'이라는 세 가지 주제를 통해 살펴보자. 우선 마르크스는 애덤 스미스, 데이비드 리카도, 장 바티스트 세, 제임스 밀, 외젠 뷔레, 장 드 시스몽디, 빌헬름 슐츠 등 국민경제학자들의 전제, 용어, 법칙을 전유하여 거꾸로 국민경제학을 비판하는데, 이는 국민경제학을 철두철미하게 파고들어 가로지르면서 극복하려는 시도였다. 마르크스는 국민경제학이 경제적 사실과 법칙을 그저 서술할 뿐, 제대로 해명하지는 못한다고 비판한다. 가령 국민경제학은 사유재산을 마치 자연적으로 주어진 사실처럼 전제하는 데 머문다고 통렬히 비판하면서, 사유재산이 노동, 그것도 소외된 노동에 기초하고 있음을 명쾌하게 밝혀내고, 여기에 더해서 자본과 노동의 관계, 노동자의 빈곤 등을 비롯한 다양한 경제적 사실과 법칙을 해명한다.

마르크스는 이처럼 경제적 사실과 법칙의 근본 원인을 밝히려 노력하는 가운데, '소외된 노동'을 해명하는 길로 나아간다. 그리고 여기에서 노동 소외의 네 가지 형태, 즉 '노동 생산물로부터의 소외', '생산 행위로서 노동 자체로부터의 소외', '유적 존재로부터의 소외', '다른 인간으로부터의 소외'라는 유명한 분석에 이른다. 노동자는 자신이 노동하여 생산한 것을 빼앗기고, 이 노동 생산물은 노동자에 대해 낯선 대상으로 맞선다. 이러한 첫 번째 소외 형태야말로 소외된 노동의 모든 형태의 기원이다. 두 번째로 노동이라는 실천적 활동은 더 이상 노동자 자신에게 속하지 않는 낯선 활동으로 나타난다. 세 번째로 인간이라는 유類의 특성이 자유롭고 의식적인 활동이라면, 노동자는 이러한 활동에서 소외되므로 자신의 유적 존재로부터 소외된다. 마지막으로 노동자의 이러한 소외는 타인과의 관계에 반영되어, 노동자는 다른 인간으로부터도 소외된다.

마르크스의 '헤겔 변증법 비판'도 노동에 대한 이러한 관점에서 살펴볼 수 있다. 마르크스는 한편으로 인간이 노동을 통해 자기 자신을 생산한다는 헤겔의 논변을 높이 평가하지만, 다른 한편으로 헤겔이 추상적으로 정신노동만 노동으로 인식하고, 나아가 노동 소외라는 부정적 측면도 보지 못한다고 비판한다. 헤겔과 달리 마르크스는 진정한 현실은 사유가 아니라 대상에 있으며, 따라서 소외도 사유가 아니라 대상에서 현실적으로 지양되어야 한다고 주장하는 것이다.

1844년 집필한 《경제학-철학 수고》는 그야말로 손으로 적은 수고 手稿로 남은 채, 마르크스 생전에는 출판될 수 없었다. 〈서문〉에 나오는 "독자"라는 표현을 볼 때, 마르크스가 이 수고의 출판을 염두에 두었던 것은 분명해 보인다. 그러나 열 가지 방법으로 입증할 수 없다면 한 문장도 쓰지 않겠다고 자처한 마르크스의 꼼꼼함 때문에, 이 수고는 미완성으로 남았다.

    이 원고 뭉치는 독일 베를린에 있는 사회민주당 서고에 "국민경제학과 철학"이라는 제목으로 보관되어 있다가, 1920년대 말 모스크바의 마르크스-엥겔스 연구소장 다비트 랴자노프 David Ryazanov와 독일 정치학자 지크프리트 란츠후트 Siegfried Landshut에 의해 발견되었다. 랴자노프는 1927년 원고 일부를 러시아어로 번역하여 출간했지만, 독일어 원문 전체가 완전한 형태로 출판된 해는 이 원고가 집필된 후 거의 한 세기가 지난 1932년이다. 랴자노프는 이 원고를 마르크스-엥겔스 연구소에서 나온 《마르크스-

엥겔스 전집》인 이른바 구舊 MEGA(MEGA¹)의 1부 3권에 "경제학-철학 수고"라는 제목으로 실었으며,[1] 이와 별도로 독일에서 란츠후트는 《역사유물론》이라는 책에 (〈제1수고〉는 제외한 채) "국민경제학과 철학"이라는 제목으로 실었다.[2]

일부 연구자는 이 원고가 이처럼 오랫동안 출간되지 않은 이유 중 하나로, 그 내용이 당대의 정치 환경에 어울리지 않았다는 점을 꼽는다. 이 원고에서 만인이 소외에서 벗어나는 모습으로 그려지는 미래 세계는 그동안 현실에서 실현된 사회주의와는 다른 모습이었고, 또 이러한 현실 사회주의에서 지배적이던 마르크스주의에 대한 경제결정론적·실증주의적·진화론적 해석에도 잘 맞지 않았다는 것이다.

그러나 《경제학-철학 수고》는 출판 이후 큰 반향을 일으켰다. 가령 1932년 이 원고를 출판한 란츠후트는 〈편집자 서문〉에서, 이 원고가 마르크스주의의 완전한 사상을 담은 중심 저작이며 《자본》을 예고한다고 평가하면서, 마르크스의 초기 사상과 후기

---

[1] Karl Marx, "Ökonomisch-philosophische Manuskripte", in: Karl Marx·Friedrich Engels, *Historisch-kritische Gesamtausgabe (MEGA¹)*, Abteilung I Band 3, Berlin, 1932, 29~172쪽. 이후 이 원고가 1968년 《마르크스-엥겔스 저작집 Marx-Engels-Werke (MEW)》 보충본 제1분책에 실릴 때에도, 제목이나 대체적인 편집 방식은 구 MEGA를 따랐다.

[2] Karl Marx, "Nationalökonomie und Philosophie", in: Karl Marx, *Der historische Materialismus*, Band 1, hrsg. von S. Landshut·J. P. Mayer·F. Salomon, Leipzig, 1932, 283~375쪽.

사상의 연속성을 강조한 바 있다. 특히 서구의 마르크스주의 운동은 이 저작을 마르크스주의의 새로운 원천으로 수용하면서, '소외'라는 철학적이고 인간학적인 개념을 특별히 부각했다. 헤르베르트 마르쿠제, 장-폴 사르트르, 에리히 프롬 등으로 대표되던 이러한 해석은 이 초기 원고가 마르크스 후기의 경제학적 저작에서 명확히 드러나지 않은 채 암묵적으로 전제되는 철학적 통찰을 담고 있다고 보았다. 그러나 다른 해석자들은 《경제학-철학 수고》를 마르크스의 성숙한 사상이 아직 나타나지 않은 초기 작품에 불과하다고 치부하기도 했다. 특히 루이 알튀세르가 《독일 이데올로기》를 기점으로 이데올로기 단계인 초기 사상과 과학 단계인 후기 사상이 나뉘며, 그 사이에 이른바 "인식론적 단절"이 있다고 주장한 것은 널리 알려진 바이다.

그렇다면 이 책이 세상에 나온 후 다시 한 세기를 건너 현실 사회주의가 이미 대부분 붕괴한 이 시대, 그러나 마르크스가 분석한 노동의 소외는 여전히 지속되고 있으며 어쩌면 나날이 심화되고 있는 이 시대의 독자는, 이 책이 함축하는 참된 의미를 어떤 관점에서 읽어낼 수 있을까?

이 국역본은 독일의 펠릭스 마이너 출판사에서 2005년 출판한 판본을 저본으로 삼아 옮겼으며, 옮긴이 주석도 주로 이 판본의 주석을 참조하여 작성했다.[3] 이 판본은 1982년 출간하기 시작한 이른바 신新 MEGA(MEGA²) 판본[4]에 충실하되, 몇 가지 차이도 있다. 가령 마르크스가 삭제했기 때문에 신 MEGA에서 제외한 부분도 사료적 가치를 감안하여 대괄호로 묶어 실었다(본문 15쪽 각주 1 참조). 또 텍스트 순서가 구 MEGA를 따르는 부분도 있는데, 가령 〈서문〉의 취지에 따라 흩어져 있던 헤겔 철학에 관한 논의들을 〈제3수고〉에 하나로 묶어 마지막에 배치한 일 등이 그렇다.

2024년 12월
옮긴이 김태희

---

3 Karl Marx, *Ökonomisch-philosophische Manuskripte*, Mit einer Einleitung, Anmerkungen, Bibliographie und Register herausgegeben von Barbara Zehnpfennig, Hamburg: Felix Meiner Verlag, 2005.
4 Karl Marx, "Ökonomisch-philosophische Manuskripte", in: *Karl Marx/ Friedrich Engels Gesamtausgabe (MEGA²) Band 2*, Berlin, 1982.

서문[1, 2]

|XXXIX| 나는 《독불연보》에서 헤겔 법철학을 비판하는 형식으로 법학과 국가학을 비판하겠다고 예고한 바 있다.[3] 하지만 출판을 위해 원고를 정리하면서, 사변만 겨냥한 비판을 여러 소재를

---

1   마르크스가 1844년 파리에서 저술한 《경제학-철학 수고》는 일반적으로 세 편의 수고手稿로 이루어진다고 알려져 있다. 그러나 육필 원본을 이루는 수고는 원래 네 편인데, 분량이 많은 〈제1수고〉와 〈제3수고〉는 공책 형태로 묶여 있고, 〈제2수고〉는 낱장으로 남겨져 있으며, 〈제4수고〉는 〈제3수고〉 사이에 끼워져 있었다. 총 4쪽에 불과한 〈제4수고〉는 헤겔의 《정신현상학》 8장 〈절대지〉의 내용을 거의 그대로 옮겨 적은 것으로, 《마르크스-엥겔스 전집 Marx-Engels-Gesamtausgabe》 즉 구舊 MEGA 판본에는 실려 있으나, 《마르크스-엥겔스 저작집 Marx-Engels-Werke》 즉 MEW 판본에는 실려 있지 않다. 이를 감안하여 여기서도 〈제4수고〉는 싣지 않는다.
글은 다음과 같이 구성되어 있다(육필 원본에는 쪽수가 로마숫자로 매겨져 있는데, 이후 주석에서는 독자 편의를 위해 아라비아숫자로 바꾸어 쓴다). 〈제1수고〉는 총 27쪽인데, 1~12쪽과 17~27쪽은 수직선 2개를 그어 세로 3단으로 구분되고, 13~16쪽은 수직선 1개를 그어 세로 2단으로 구분된다.

겨냥한 비판과 뒤섞는 것 자체가 매우 부적절하고 논의 전개를 저해하며 이해를 어렵게 한다는 점이 드러났다. 게다가 풍부하고 다양한 연구 대상을 하나의 저술에 욱여넣는 일은 전적으로 경구를 늘어놓는 식으로만 이루어질 수 있는데, 이처럼 경구를 통해 서술한다면 이러한 체계화가 임의적이라는 **가상**假象을 불러일으킬 것이다. 그래서 나는 서로 독립적인 여러 소논문에서 법률, 도

세로 3단에는 각각 "노동임금Arbeitslohn", "자본의 이윤Profit des Kapitals", "지대Grundrente"라는 제목이 적혀 있다. 그러나 17쪽부터는 "지대"라는 제목이 붙은 단에만 글이 쓰여 있다. 22쪽부터 마지막 27쪽까지는 세로 3단 구분을 무시하고 글이 채워져 있는데, 구 MEGA 편집자는 이 부분에 "소외된 노동Entfremdete Arbeit"이라는 제목을 붙였다. 〈제2수고〉는 마지막 4쪽(40~43쪽)만 전해진다. 〈제3수고〉는 총 43쪽으로, 세로 2단으로 구분되어 있다. 이 저서의 제목 및 장절 제목은 마르크스-엥겔스 연구소가 1932년 구 MEGA의 1부 3권에 수록하면서 붙인 것이다.

2 육필 원고에서 이 〈서문〉은 〈제3수고〉 말미(39~40쪽)에 포함되어 있었지만, 구 MEGA 편집 과정에서 맨 앞에 배치되었다.

3 여기에서 마르크스가 가리키는 글은 1844년 2월 파리에서 마르크스가 아르놀트 루게Arnold Ruge와 함께 발간한 독일어 잡지 《독불연보Deutsch-Französische Jahrbücher》에 실린 〈헤겔 법철학 비판 서문Zur Kritik der Hegelschen Rechtsphilosophie. Einleitung〉[〈헤겔 법철학 비판을 위하여〉, 김태호 옮김, 김세균 감수, 《칼 맑스 프리드리히 엥겔스 저작 선집 제1권》, 1992, 1~23쪽]이다. 이 잡지에는 이 글 외에도 마르크스의 〈유대인 문제에 관하여 Zur Judenfrage〉[《유대인 문제에 관하여》 개정판, 김현 옮김, 책세상, 2021], 프리드리히 엥겔스의 〈국민경제학 비판 개요Umrisse zu einer Kritik der Nalionalökonomie〉와 〈잉글랜드의 상황Die Lage Englands〉 등이 실렸는데, 마르크스와 엥겔스의 이 글들은 유물론 및 공산주의로의 이행을 보여준다. 그러나 이 잡지는 마르크스와 부르주아 급진주의자 루게 사이의 이견으로 창간호 이후 폐간되었다.

덕, 정치 등을 차례로 비판하고, 마지막 별도 연구에서 다시 전체 연관, 개별 부분들 간의 관계, 그리고 최종적으로는 저러한 소재를 사변적으로 다루는 것에 대한 비판을 제기하고자 한다.[4] 따라서 이 글에서는 국민경제학[5]이 국가, 법률, 도덕, 시민 생활 등의 대상과 맺는 연관을 찾고자 하되, 국민경제학 자체가 이런 대상을 분명히 다루는 한에서만 다룰 것이다.

국민경제학에 정통한 독자에게는 나의 연구 성과가 국민경제학에 대한 성실한 비판적 연구에 기초한 철저히 경험적인 분석을 통해 도출되었음을 확언할 필요조차 없을 것이다. [이와 대조적으로 무지한 평론가[6]는 완벽한 무지와 사고의 빈곤을 감추기

---

4 〈서문〉의 이러한 계획이 저술에서 그대로 실현되지는 않았다.
5 여기서 마르크스가 '국민경제학 Nationalökonomie'이라고 부르는 학문은 고전적 자유주의 경제학을 가리킨다. 따라서 국민경제학자는 바로 애덤 스미스, 데이비드 리카도 David Ricardo, 장 바티스트 세 Jean-Baptiste Say, 토머스 로버트 맬서스 Thomas Robert Malthus, 제임스 밀 James Mill 같은 고전경제학자들이다.
6 청년헤겔학파에 속하는 브루노 바우어 Bruno Bauer를 가리킨다. 바우어는 마르크스의 동지였으나, 마르크스는 바우어의 저술 《유대인 문제 Die Judenfrage》(Braunschweig, 1843) 등에 대한 비판적인 서평 〈유대인 문제에 관하여〉(1844)를 발표했다. 1840년대 독일 사회에 치열한 논쟁을 불러일으킨 유대인 차별 문제를 극복하기 위해, 바우어는 유대인이 유대교를 포기해야 할 뿐 아니라 인간이 모든 종교를 포기해야 한다고 주장했다. 그러나 마르크스는 유대인 문제의 근본 원인이 종교가 아니라 자본주의 시민사회의 사회경제 구조에 있다고 반박했다. 이에 대해 바우어는 《일반 문학신문 Allgemeine Literatur-Zeitung》에 게재한 글들에서 다시 반박했는데, 이어지는 인용문은 여기에서 가져온 것이다. 마르크스와 엥겔스는 1844년 공저 《신성가족 혹은 비판적

위하여, 실증적 비판자에게 "**유토피아적 헛소리**"라는 헛소리를 퍼붓거나, "전적으로 순수하고 전적으로 결연하며 전적으로 비판적인 비판", "법률적일 뿐만 아니라 사회적인, 전적으로 사회적인 사회", "조밀한 대중적 대중", "대중적 대중을 대변하는 대변자" 같은 헛소리를 늘어놓는다. 이 평론가는 자신의 신학적인 가정사 외에 **세속적** 사안에도 할 말이 있다는 것부터 우선 증명해야 한다.][7]

내가 프랑스와 영국의 사회주의자들[8] 외에도 독일의 사회주의적 연구를 활용했음은 말할 필요도 없다. 그러나 이 학문과 관련하여 내용이 풍부하고 **독창적**인 독일의 연구는 (바이틀링의 저술들[9]을 제외하면) 《21장 21 Bogen》[10]에 실린 헤스의 논문들과, 엥겔스

비판에 대한 비판 Die heilige Familie, oder Kritik der kritischen Kritik》[최인호 옮김, 김세균 감수, 《칼 맑스 프리드리히 엥겔스 저작 선집 제1권》, 1992, 93~123쪽]에서 바우어를 치밀하게 비판한다.

7 본문 중 '[ ]'에 묶인 내용은 마르크스가 원래 원고에 선을 그어 삭제한 부분이다.

8 관련 연구자들에 따르면, 마르크스는 프랑스 사회주의자들을 집중적으로 연구했다. 그러나 이 글을 쓸 당시에는 아직 영어에 능통하지 못했기 때문에, 영국 사회주의자들에 대해서는 오언 Robert Owen 저술의 프랑스어 번역본 외에는 잘 알지 못했던 듯하다.

9 특히 바이틀링 Wilhelm Weitling의 《조화와 자유의 보장 Garantien der Harmonie und Freiheit》(1842), 잡지 기고문들, 의인동맹 Bund der Gerechten 강령서(1839) 등을 가리킨다.

10 정확한 제목은 《스위스로부터의 21장 Einundzwanzig Bogen aus der Schweiz》(Zürich und Winterthur, 1843)이다. 이 제목은 텍스트 길이가 전지全紙, Bogen 20장이 넘어야 검열에서 면제되던 당시 독일의 검열제도에 대한 풍자다.

가 《독불연보》에 발표한 〈국민경제학 비판 개요〉[11]밖에 없다. 나 역시 《독불연보》에서 이 연구의 초기 요소들을 매우 일반적인 방식으로 시사한 바 있다.[12]

[국민경제학에 대한 일반적인 실증적 비판, 즉 국민경제학에 대한 독일의 실증적 비판을 떠받치는 진정한 토대는, 국민경제학을 비판적으로 연구한 이 저술가들 외에도 **포이어바흐**가 이룬 발견에 있다. 그의 저서 《미래의 철학 Philosophie der Zukunft》과 《일화집 Anecdotis》에 실린 〈철학 개혁 테제 Thesen zur Reform der Philosophie〉[13]에 대하여, 어떤 자들은 편협한 질투 때문에, 어떤 자들은 진정한 분노 때문에 (이 저술들을 은밀히 활용하면서도) 공식적으로는 **은폐**하려는 음모를 부추기는 듯하다.]

실증적이고 인간주의적이며 자연주의적인 비판은 포이어바흐로부터 비로소 시작된다. **포이어바흐** 저작의 영향은 떠들썩하지는 않지만, 그럴수록 더욱 확실하고 깊고 광범위하며 지속 가능하다. 이는 (헤겔의 《정신현상학 Phänomenologie des Geistes》과 《논리학 Wissenschaft der Logik》 이래) 진정한 이론적 혁명을 포함하는 유일한

11　관련 연구자들에 따르면, 엥겔스의 〈국민경제학 비판 개요 Umrisse zu einer Kritik der Nationalökonomie〉는 마르크스가 경제 문제에 몰두하게 되는 결정적 계기였다고 한다.

12　앞서 언급한 〈헤겔 법철학 비판 서문〉과 브루노 바우어의 저술에 대한 서평 〈유대인 문제에 관하여〉를 가리킨다.

13　Ludwig Feuerbach, "Vorläufige Thesen zur Reform der Philosophie", *Anekdota zur neuesten deutschen philosophie und publicistik*, 1843.

저작들이다.

나는 **헤겔 변증법** 및 철학 전반을 논하는 이 책의 마지막 장이 꼭 필요하다고 판단한다.[14] 우리 시대의 **비판적 신학자들**[15]은 |XL| 이런 작업을 수행하지 않았을 뿐만 아니라, 그 필요성조차 도무지 깨닫지 못했기 때문이다. 이러한 **불철저함**은 필연적이다. **비판적** 신학자도 여전히 **신학자**이기 때문이다. 그래서 권위로서의 철학이 지닌 특정 전제들에서 시작해야 하기 때문이다. 혹은 비판 과정이나 다른 사람들의 발견을 통해서 그러한 철학적 전제들에 대한 의심이 싹트면, 비겁하고도 부당한 방식으로 이런 의심을 포기하고 **도외시**하는데, 이는 자신이 그 전제들에 예속되어 있으며 이런 예속에 대해 분노를 느끼고 있음을 그저 더욱 부정적이고 무의식적이며 궤변적으로 드러낼 뿐이기 때문이다.

[그저 부정적이고 무의식적인 표명이 의미하는 바는 이렇다. 한편으로 그[16]는 자신의 비판이 **순수하다**고 끊임없이 되풀이하여 확언한다. 다른 한편으로 오히려 그는 비판이 이제 그 밖에 다른 비판(가령 18세기의 비판)이 지닌 편협한 형태 및 **대중**의 편협성만 겨냥한다는 가상을 불러일으키려 한다. 이는 **비판**에는 그 발상지

---

14 원래 초고에서 헤겔 변증법과 철학을 논하는 내용은 〈제3수고〉의 11~13쪽, 17~18쪽, 23~34쪽에 실려 있다. 그러나 마르크스가 〈서문〉에서 이 내용을 "마지막 장"에 다루겠다고 예고했기에, 편집 과정에서 이 부분이 맨 마지막에 배치되었다.
15 브루노 바우어를 비롯한 청년헤겔학파를 뜻한다.
16 브루노 바우어를 가리킨다.

(헤겔 **변증법**과 독일 철학 일반)와의 대결이 **꼭 필요하다**는 사실, 그리고 근대적 비판에는 그 자체의 제한성과 조야함을 넘어서는 일이 **꼭 필요하다**는 사실을, 관찰자와 자기 자신이 보지 못하게 하기 위해서다. 마지막으로 비판적 신학자는 자신의 철학적 전제들의 본질이 (가령 **포이어바흐**에 의해) 발견되면, 한편으로 마치 **자신이** 그것을 발견한 양하는 가상을 스스로 지어낸다. 자신은 발전시킬 수 없는 저런 발견의 결과를 **표어** 형식으로 아직 철학에 사로잡힌 저술가들에게 던짐으로써, 이런 가상을 만들어내는 것이다. 그리고 다른 한편으로 심지어 자신이 저러한 발견들보다 우월하다는 의식을 스스로 지어낸다. 이를 위하여 그는 자신이 보기에 헤겔 변증법 비판에 여전히 결여되어 있으며 자신이 비판적으로 활용할 수 있도록 주어지지 않은 헤겔 **변증법**의 요소들을, (올바른 관계 안에 그 요소들을 배치하려는 시도도 하지 않고서 혹은 그럴 능력도 없으면서) 저 헤겔 변증법 비판에 맞서 은밀하고 음흉하며 회의적인 방식으로 옹호한다. 가령 그 자체로부터 시작되는 긍정적 진리라는 범주에 맞서, 매개적 증명이라는 범주를 [⋯][17] 헤겔 변증법 **특유의** 형태로 비밀스럽게 옹호하는 것이다.[18] 그러니까 신학적 비판

---

17 육필 원고에서 세 단어가 식별되지 않는다.
18 헤겔의 '매개 Vermittlung' 개념과 관련한 포이어바흐의 비판을 암시한다. 헤겔에게 진리는 감각적 현실 자체가 아니라 인간 정신을 통해 '매개'되는 감각적 현실인데, 포이어바흐는 이를 비판하며 감각적 현실의 무매개성을 주장한다. 한편 마르크스가 여기에서 비판하고 있는 바우어는 포이어바흐를

자는 무척 자연스럽게 모든 것을 철학적 관점에서 **행한다**고 생각하며, 순수함, 결연함, 전적으로 비판적인 비판에 대해 **지껄일** 수 있다. 그리고 신학적 비판자는 아무리 "**자기의식**"과 "**정신**"에 대한 유심론적 우상숭배를 행하더라도 감각을 넘어 의식에 이르지는 못하기 때문에,[19] 가령 헤겔의 어떤 계기[20]가 포이어바흐에게는 없다고 **감각**empfinden하면 자신이 진정한 **철학의 극복자**라고 생각한다.]

자세히 살펴보면 **신학적 비판**은 (그 운동이 시작될 때는 진보의 현실적 계기였더라도) 최종 심급에서는 낡은 **철학적** 초월이, 특히 **헤겔적 초월**이 정점에 이르러, 그 결과 **신학적 캐리커처**로 일그러진 것이다. 이처럼 흥미로운 역사의 정의正義, 즉 먼 옛날부터 철학의 부패한 오점이었던 신학에게 이제 그 자체로부터 철학의 부정적 해소(즉 그것의 부패 과정)를 드러내는 사명을 부여하는 이 역사적 응보를, 나는 다른 곳에서 상세하게 입증할 것이다.[21]

비판하면서 '자기의식'의 철학을 주장한다.

19 헤겔에게 '감각 Empfindung'은 정신의 낮은 형식으로서, 그 안에는 아직 주관적인 것과 객관적인 것이 섞여 있다. 한편 헤겔의 《정신현상학》 앞부분에서 주요하게 다루는 '의식 Bewusstsein'은 주체가 대상에 대해 이해하기를 추구하는 최초의 정신 활동 형식이다. '절대지絶對知, Das absolute Wissen'의 전개에서는, 의식에 이어 '자기의식 Selbstbewusstsein'과 '정신 Geist'이라는 상위 단계가 나타난다.

20 헤겔 철학에서 사유의 필수 요소인 '계기 Moment'는 사유가 과정임을 강조하며, 따라서 사유 체계를 이루는 요소들은 사유 운동이 거쳐 가는 국면들이기도 하다.

[이에 비해 철학의 본질에 관한 **포이어바흐**의 발견이 (적어도 그것을 **증명**하기 위해) 여전히 철학적 변증법과 비판적 대결을 할 필요가 있다는 점은, 나의 논의가 개진되는 가운데 저절로 드러날 것이다.]

---

21 얼마 후 마르크스는 엥겔스와 함께 쓴 《신성가족》에서 이러한 약속을 이행했다.

제1수고

Ökonomisch-philosophische Manuskripte

1 { 노동임금 } ✳

|1| **노동임금**은 자본가와 노동자 간의 적대적 투쟁으로 결정된다. 이 투쟁에서는 필연적으로 자본가가 승리한다. 노동자가 자본가 없이 살아갈 수 있는 것보다, 자본가가 노동자 없이 더 오래 살아갈 수 있다. 자본가들의 단결은 관습적이고 효과적이지만, 노동자들의 단결은 금지되고 그들에게 나쁜 결과를 낳는다. 게다가 지주와 자본가는 자신의 소득에 산업에서 발생한 수익을 더할 수 있지만, 노동자는 자신의 근로소득에 지대도 자본이익도 더하지 못한다. 그래서 노동자 간의 경쟁은 그토록 격심하다. 따라서 자본, 토지 재산, 노동의 분리는, 노동자에게만 필연적이고 본질적이며 해로운 분리이다. 자본과 토지 재산은 이러한 추상에 반드시 계속 머물지는 않는 데 반해, 노동자의 노동은 그럴 수밖에 없다.

따라서 노동자에게 자본, 지대, 노동의 분리는 치명적이다.

노동임금의 가장 낮고 유일하게 필요한 수준은 노동하는 동안 노동자의 생계를 유지할 만큼이고, 그보다 더 많다면 노동자가 가족을 부양할 수 있고 노동자 종족이 멸종하지 않을 만큼이다. 스미스에 따르면, 통상 임금은 비천한 인간성에 알맞은, 즉 가축같은 생존에 적합한 최저 임금이다.

다른 모든 상품에 대한 수요와 마찬가지로, 인간에 대한 수요도 필연적으로 인간의 생산을 조정한다. 공급이 수요보다 훨씬 많으면, 노동자 일부는 걸인 신분으로 떨어지거나 굶어 죽는다. 따라서 노동자의 존립은 다른 모든 상품의 존립 조건으로 축소된다. 노동자는 하나의 상품이 되고, 그가 누군가에게 자신을 팔 수 있다면 그에게 행운이다. 그리고 노동자의 생활이 의존하는 [노동에 대한]¹ 수요는 부자와 자본가의 변덕에 달려 있다.

공급이 수요보다 많으면, 가격을 구성하는 여러 부분, 즉 이윤, 지대, 노동임금 중 하나가 **가격** 이하로 지불된다. 그에 따라 이 요소들 중 일부는 사용에서 거둬들여지므로, 시장가격은 중심점인 자연가격²으로 이끌린다. 그렇지만 1) 분업이 높은 수준으로 이루어지면, 노동자가 자기 노동을 다른 쪽으로 돌리기 가장 어렵고, 2) 자본가에게 예속된 관계에서는 노동자가 제일 먼저 손해를

328

---

1 본문 중 '[ ]'에 묶인 부분은 옮긴이가 독자의 이해를 위해 추가한 내용이다.
2 애덤 스미스의 《국부론》에서 나온 개념인 '자연가격 natural price'은 상품이 정확히 자신의 가치대로 판매되는 가격(경제의 일반적 상황으로 결정되는 평균 수준의 임금, 이윤, 지대의 합)을 말한다. 완전경쟁 상태에서는 시장가격이 자연가격보다 높으면 낮아지고, 자연가격보다 낮으면 높아지는 경향이 있다.

입는다.

따라서 시장가격이 자연가격으로 이끌리면, 노동자가 가장 많이 그리고 무조건 패배하게 된다. 그리고 자본가가 자기 자본을 다른 쪽으로 돌릴 수 있는 바로 그 능력은, 특정 노동 부문에 제한된 노동자를 실직하게 만들거나 노동자가 자본가의 온갖 요구에 굴복하게 만든다.

|Ⅱ| 시장가격의 우연적이고 갑작스러운 변동은 가격 중에서 지대보다는 이윤과 봉급을 구성하는 부분에서 더 자주 일어나지만, 그중에서도 이윤보다 노동임금에서 더 자주 일어난다. 어떤 노동임금이 상승하면, 대개 어떤 노동임금은 **정체되고** 어떤 노동임금은 **하락한다.**

자본가가 이익을 얻는다고 노동자도 반드시 이익을 얻진 않지만, 자본가가 손해를 보면 노동자는 반드시 손해를 본다. 그러니까 자본가가 공장, 상업 비밀, 독점, 유리한 토지 위치 덕분에 시장가격을 자연가격보다 높게 유지하더라도, 노동자는 이익을 보지 않는다.

더 나아가 **노동가격은 생활수단 가격보다 훨씬 일정하다.** 흔히 이들은 반비례한다. 물가가 오른 해에, 노동임금은 수요 감소 때문에 내려가고 생활수단 가격 상승 때문에 올라간다. 따라서 균형을 이룬다. 어쨌든 상당수 노동자는 빵 없이 남겨진다〔즉 실직한다〕. 물가가 내린 해에, 노동임금은 수요 증가 때문에 올라가고 생활수단 가격 〔하락〕 때문에 내려간다. 따라서 균형을 이룬다.

노동자에게 불리한 점은 또 있다.

여러 종류의 노동에 대한 노동가격은 자본이 쓰이는 여러 분야의 수익보다 훨씬 다양하다. 노동에서 개별 활동은 자연적·정신적·사회적으로 극히 다양하고 받는 노동임금도 다양하지만, 이에 비해 죽은 자본은 언제나 같은 보폭으로 걸으며 현실적인 개별 활동에 구애받지 않는다. 일반적으로 노동자와 자본가가 똑같이 시달리더라도, 노동자는 생존에 시달리고 자본가는 자신의 죽은 맘몬[3]의 이익에 시달린다는 점을 유념해야 한다.

노동자는 물질적 생활수단을 얻기 위해 투쟁해야 할 뿐 아니라, 일자리를 얻기 위해서도, 즉 자신의 활동을 실현할 가능성과 수단을 위해서도 투쟁해야 한다.

사회가 처할 수 있는 세 가지 주요 상태를 통해, 그 상태에 처한 노동자의 처지를 살펴보자.

1) 사회의 부가 쇠퇴하면, 노동자가 가장 손해를 입는다. 사회가 번영하는 상태에서 노동자계급은 유산자계급만큼 이익을 볼 수 없는 반면, 사회가 쇠퇴할 때는 노동자계급만큼 손해를 입는 이들은 없기 때문이다.

|Ⅲ| 2) 이제 부가 늘어나는 사회를 생각해보자. 이는 유일하게 노동자에게 유리한 상태이다. 여기에서는 자본가 사이에 경쟁이 일어난다. 노동자에 대한 수요가 공급을 상회한다.

---

3 Mammon. 성서에서 탐욕을 상징하는 악마로, 보통 물질적 풍요와 탐욕을 뜻한다.

하지만 **우선** 노동임금 상승은 노동자의 **과로**를 유발한다. 노동자는 더 많이 벌려고 할수록, 자기 시간을 더 희생하고 모든 자유를 모조리 양도하여 소유욕을 충족시키기 위한 노예노동을 해야 한다. 이로 인해 노동자의 수명은 줄어든다. 이러한 수명 단축은 노동자계급 전체에게는 유리한 상황이다. 이를 통해 새로운 공급이 계속 필요해지기 때문이다. 이 계급은 철저히 몰락하지 않으려면, 계속해서 자신의 한 부분을 희생해야 한다.

나아가 사회의 부는 언제 늘어나는가? 나라의 자본과 소득이 늘어날 때이다. 그러나 이는 다음의 경우들에만 가능하다. 이는 오직 α) 많은 노동이 함께 축적될 때 가능하다. 자본은 축적된 노동이기 때문이다. 그러니까 노동자 수중에서 그의 생산물을 점점 더 많이 빼앗고, 그 자신의 노동이 점점 더 다른 사람의 재산이 되어 노동자와 대립하며, 노동자의 생존과 활동의 수단이 점점 더 자본가 수중에 집중될 때 가능하다. β) 자본 축적은 분업을 늘리고, 분업은 노동자 수를 늘린다. 거꾸로 노동자 수는 분업을 늘리고, 분업은 자본 축적을 늘린다. 한편 이런 분업 및 자본 축적과 더불어, 노동자는 점점 더 순전히 노동에, 특히 매우 일면적이고 기계와 비슷한 특정 노동에 의존하게 된다. 그래서 정신적으로나 신체적으로나 기계로 전락하고, 인간이 아니라 하나의 추상적 노동이자 위장胃腸이 되며, 이로 인해 시장가격 변동, 자본의 사용, 부자의 변덕에 점점 더 의존하게 된다. 마찬가지로 오직 노동만 하는 인간 계급의 증가로 인해, |IV| 노동자 간의 경쟁이 심해지

고 그 가격은 내려간다. 노동자의 이런 위치는 공장제도에서 정점에 이른다.

γ) 점점 부유해지는 사회에서는 최상위 부자만이 금리로 살 330
아갈 수 있다. 그 밖의 모든 사람은 자기 자본으로 사업을 하거나 상업에 투자해야 한다. 그 결과 자본가 간의 경쟁이 더 치열해지고, 자본 집중이 심해지며, 대자본가는 영세자본가를 파멸시키고, 과거의 자본가 일부는 노동자계급으로 전락하는데, 이런 유입으로 인해 노동자계급은 다시 부분적으로 노동임금 하락에 시달리고 소수 대자본가에게 더욱 의존하게 된다. 자본가 수가 줄면서 노동자를 둘러싼 자본가 간의 경쟁은 사라지다시피 하며, 노동자 수가 늘면서 노동자 간의 경쟁은 더욱 치열해지고 부자연스러워지고 폭력적이게 된다. 따라서 중간자본가 일부가 노동자 신분으로 전락하고, 노동자 일부는 필연적으로 구걸하거나 굶주리는 상태로 전락한다.

그러므로 노동자에게 가장 유리한 사회 상태에서도, 노동자가 맞는 필연적인 귀결은 과로와 요절, 기계로의 전락, 노동자에게 위협적으로 축적되는 자본에 대한 예속, 새로운 경쟁, 노동자 일부의 아사나 구걸이다.

|V| 노동임금 상승은 노동자가 자본가의 부를 쌓고자 하는 욕망을 갖도록 자극하지만, 노동자는 몸과 마음을 희생해야만 이런 욕망을 충족할 수 있다. 노동임금 상승은 자본 축적을 전제하고, 그것을 야기한다. 그러므로 노동 생산물은 노동자에게 점점

낯설어진다. 이와 마찬가지로 분업은 노동자를 점점 더 일면적이고 의존적으로 만드는데, 이는 분업이 인간과의 경쟁뿐 아니라 기계와의 경쟁도 끌어들이기 때문이다. 노동자가 기계로 전락했기 때문에, 기계는 그의 경쟁자로서 대립한다. 마침내 자본이 축적되면서 공업의 양量이 늘어남에 따라 노동자가 늘듯이, 이러한 축적을 통해 같은 양의 공업이 **더 많은 양의 제품**을 만들어냄에 따라 과잉생산이 일어나며, 그 결과 상당수 노동자가 실직하거나 임금이 가장 비참한 최소액으로 줄어들고 만다.

이것이 노동자에게 가장 유리한 사회 상태, 즉 부가 **성장하고 늘어나는** 상태의 귀결이다.

그러나 이처럼 성장하는 상태는 언젠가는 그 정점에 도달할 수밖에 없다. 그럴 때 노동자의 처지는 어떠한가?

3) "부가 이를 수 있는 최종 단계에 이른 나라에서는 노동임금과 자본이익 모두 매우 낮을 것이다. 일자리를 얻으려는 노동자 간의 경쟁은 매우 치열해져서, 봉급은 기존의 노동자 수를 유지하는 데 족한 정도까지 낮아진다. 그리고 이 나라에는 이미 충분히 인구가 많으므로, 이 수는 더 늘 수 없다."[4]

---

4 Adam Smith, *Wealth of Nations*, Vol. I, Everyman's Library, 2005, 84쪽[《국부론 (상)》 개역판, 김수행 옮김, 비봉출판사, 2007]. 마르크스는 인용 부호를 사용하지만, 원문 그대로 인용하지는 않는다. 마르크스는 다음 프랑스어 번역본을 보았다. Adam Smith, *Recherches sur la nature et les causes de la richesse des nations*, T. 1·2, Paris, 1802.

잉여는 죽어야 할 것이다.

그러니까 사회 상태가 나빠지면 노동자의 빈곤은 심화되고, 사회 상태가 나아지면 노동자의 빈곤은 복잡해지며, 사회 상태가 완성되면 노동자의 빈곤은 고착된다.

|VI| 그러나 스미스에 따르면, 다수가 고통받으면 사회도 행복하지 않은데, 가장 부유한 사회 상태에서도 다수는 고통받는다. 국민경제(일반적으로 말하면, 사적 이익에 기반한 사회)는 이처럼 가장 부유한 상태로 귀결되기 때문에, 국민경제의 목적은 사회의 **불행**이다.

노동자와 자본가의 관계에 대해서는, 노동임금이 상승하더라도 자본가는 노동시간의 양적 감소를 통해 이를 충분한 정도 이상으로 상쇄한다는 점, 그리고 노동임금 상승은 상품 가격에 단리單利와 비슷한 영향을 미치고 자본이익 상승은 상품 가격에 복리複利와 비슷한 영향을 미친다는 점 또한 언급해야 한다.

이제 전적으로 그 국민경제학자〔애덤 스미스〕의 관점을 따라가면서, 노동자의 이론적 권리와 현실적 권리를 비교해보자.

국민경제학자는 원래 그리고 개념상 노동의 **모든 생산물**이 노동자에게 속한다고 말한다. 그러나 이와 동시에 그는 현실에서는 노동자가 생산물 중에서 필수 불가결한 최소 부분만 얻는다고 말한다. 노동자가 인간으로서가 아니라 노동자로서 존재하는 데 필요한, 노동자가 인류가 아니라 노동자라는 노예계급을 번식하는 데 필요한 딱 그만큼만.

국민경제학자는 노동으로 모든 것을 구매한다고, 자본은 축적된 노동일 뿐이라고 말하지만, 이와 동시에 노동자는 모든 것을 구매할 수 있기는커녕 자기 자신과 자신의 인간성을 팔아야 한다고 말한다.

나태한 지주의 지대는 대개 최종 생산물의 3분의 1에 이르고, 부지런한 자본가의 이윤은 심지어 금리의 두 배에 이르지만, 노동자가 최상의 경우에 버는 초과액은 네 명의 자식 중 두 명이 굶거나 죽어야 할 정도에 불과하다.

|Ⅶ| 국민경제학자에 따르면, 노동은 인간이 자연생산물의 가치를 키우는 유일한 수단이자, 인간의 활동적 재산이다. 하지만 바로 그 동일한 국민경제학에 따르면, 지주나 자본가는 바로 그가 지주나 자본가라는 이유로 특권을 지닌 한가한 신이 되며, 항상 노동자에게 군림하고 법을 정한다.

국민경제학자에 따르면, 노동은 사물의 유일한 불변가격이지만, 노동가격만큼 우연적이고 심하게 변동하는 것도 없다. 분업은 노동의 생산력을 늘리고 사회를 부유하고 세련되게 만들지만, 노동자를 기계와 마찬가지인 존재로 몰락시킨다. 노동은 자본을 누적시켜서 사회를 점차 부유하게 만들지만, 노동자를 점점 더 자본가에게 의존하게 만들고 점점 더 경쟁으로 몰아넣고 과잉생산이라는 몰이사냥으로 내몰아서 그토록 쇠약하게 만든다.

국민경제학자에 따르면, 노동자의 이해관계는 결코 사회의 이해관계와 대립하지 않지만, 사회는 언제나 그리고 필연적으로 노동자의 이해관계와 대립한다.

국민경제학자에 따르면, 노동자의 이해관계는 결코 사회의 이해관계와 대립하지 않는다. 1) 노동임금 상승은 노동시간의 양적 감소를 통해, 그리고 앞에서 전개한 여타 결과들을 통해, 충분한 정도 이상으로 상쇄되기 때문이고, 2) 사회에게는 총생산 전체가 순생산이고, 사적 개인에게만 순생산이 어떤 의미를 지니기 때문이다.[5]

그러나 노동 자체가 해롭고 위험하다는 사실, 다시 말해 현재 조건에서만 그런 것이 아니라, 노동의 목적이 일반적으로 한갓 부의 증대인 한 그렇다는 사실은, 국민경제학자 자신은 모를지라도 그의 논리 전개를 따라가다 보면 나오는 결론이다.

그 개념상 지대와 자본이윤은 노동임금에서 **공제**控除한 것이다. 하지만 현실에서 노동임금은 토지와 자본이 노동자에게 공제하도록 허용한 것, 즉 노동자와 노동에게 양보하는 노동 생산물이다.

사회가 쇠퇴하는 상태에서는 노동자가 가장 고통받는다. 그가 유달리 무거운 압박을 받는 이유는 노동자라는 지위 때문이지만, 일반적인 압박 자체를 받는 이유는 사회 상황 때문이다.

---

5 '순생산Nettoprodukt'의 가치는 총생산의 가치에서 투입 비용을 뺀 부가가치이다. 각 개인에게는 생산을 통한 부가가치가 어떤 의미를 지니지만, 사회에게는 각 생산 단위들의 순생산을 모두 합한 것이 총생산이므로 순생산이 별도의 의미를 지니지 않는다.

그러나 사회가 발전하는 상태에서 노동자의 몰락과 빈곤화는 그 자신의 노동의 산물이자 그가 생산한 부의 산물이다. 그러므로 빈곤은 오늘날 노동의 **본질** 자체에서 생겨난다.

사회가 가장 부유한 상태, 즉 점차 가까워져 오는 이상이자 적어도 국민경제와 시민사회⁶의 목적인 이 상태는 노동자에게는 **빈곤이 고착**된 상태다.

333 국민경제학이 **프롤레타리아**, 즉 자본과 지대 없이 순전히 노동으로, 그것도 일면적이고 추상적인 노동으로 살아가는 사람을 그저 **노동자**로만 여기는 것은 분명하다. 그래서 국민경제학은 프롤레타리아가 말馬과 마찬가지로 계속 노동을 이어갈 수 있는 만큼만 벌어야 한다고 주장할 수 있는 것이다. 국민경제학은 실직한 시기의 프롤레타리아는 사람으로 여기지 않고, 그를 사람으로 여기는 일은 형사 법정, 의사, 종교, 통계표, 정치, 걸인 단속관에게 맡긴다.

이제 국민경제학의 수준을 넘어서, 거의 국민경제학자의 말을 통해서만 이어온 이제까지의 전개로부터 생기는 두 가지 물음에 답해보자.

---

6 마르크스의 초기 저작에서 "시민사회 bürgerliche Gesellschaft" 개념은 두 가지 의미로 사용된다. 첫째, 넓은 의미에서 (사회 형태를 막론하고) 한 사회의 정치제도와 이데올로기를 떠받치는 물질적 관계를 뜻하는데, 이 경우 '시민사회'로 옮기면 적절하다. 둘째, 좁은 의미에서 자본주의적 부르주아 사회의 물질적 관계를 뜻하는데, 이 경우 '부르주아 사회'로 옮기면 적절하다.

1) 인류의 대다수가 이처럼 추상적 노동으로 환원되는 것은 인류 발전에서 어떤 의미를 지니는가?

2) 노동임금을 **인상**하고 이를 통해 노동계급의 처지를 개선하고자 하거나, (프루동 Pierre-Joseph Proudhon처럼) 노동임금의 **평등**을 사회혁명의 목적으로 여기는 개혁가들의 오류는 무엇인가?

국민경제학에서 **노동**은 유독 **돈벌이** 형태로만 나타난다.

|VIII| "특수한 소질이나 더 오랜 훈련이 필요한 직업은 전체적으로 더 돈벌이가 된다고 할 수 있다. 이에 비해 누구나 빠르고 쉽게 훈련할 수 있는 기계적으로 단조로운 활동에 대한 적정 임금은 경쟁이 격화되면 낮아지고, 또 필연적으로 낮아질 수밖에 없다. 그리고 현재의 노동 조직화 상태에서는 바로 **이런** 종류의 노동이 월등하게 많다. 따라서 이제 첫 번째 범주의 노동자는 가령 50년 전보다 7배를 벌고 두 번째 범주의 다른 노동자는 50년 전만큼 번다면, **평균적으로** 둘은 50년 전의 4배를 버는 것이다. 그러나 어떤 나라에서 첫 번째 범주의 노동에는 1천 명만 종사하고 두 번째 범주에 1백만 명이 종사한다면, 99만 9천 명은 50년 전보다 처지가 나아지지 않은 것이고, 이와 동시에 생활필수품 가격마저 올랐다면 처지가 **더 나빠진** 것이다. 그리고 사람들은 이런 피상적인 **평균 계산**으로 인구 중 가장 많은 계급에 대하여 착각하기를 원한다. 그뿐 아니라 **노동자 임금**의 추정치는 **노동자 소득** 산정의 한 가지 계기

에 불과한데, 왜냐하면 노동자 소득을 측정하려면 본질적으로 임금이 안정적으로 확보되는 **기간**도 셈에 넣어야 하기 때문이다. 하지만 변동과 정체가 늘 되풀이되는 이른바 자유경쟁의 무정부상태에서는 임금의 안정적 확보가 있을 수 없다. 마지막으로 과거와 현재의 통상적 노동**시간**도 염두에 두어야 한다. 그러나 잉글랜드의 면직공장 노동자의 노동시간은 약 25년 전부터, 그러니까 하필이면 노동을 절감하는 기계가 도입된 이후부터, 기업가의 돈벌이 욕망 때문에 |IX| 하루 12~16시간으로 늘었다. 그리고 한 나라와 한 산업 부문에서 노동시간이 늘면, 정도 차이는 있어도 다른 곳에서도 관철될 수밖에 없다. 부자가 가난한 사람을 무제한으로 착취할 권리는 여전히 어디에서나 인정되기 때문이다."(슐츠, 《생산의 운동》, 65쪽)[7]

"사회의 **모든** 계급의 평균 소득이 높아졌다는 말은 거짓이지만, 만일 참이라 하더라도 소득의 차이 및 **상대적** 격차는 더 커졌을 수 있다. 따라서 부와 빈곤의 대립은 더 뚜렷하게 두드러진다. 왜냐하면 전체 생산이 늘어남에 따라 그와 같은 정도로 욕구, 욕망, 요구도 늘어나기 **때문에**, **절대적** 빈곤은 줄어도 **상**

---

[7] Friedrich Wilhelm Schulz, *Die Bewegung der Produktion — Eine geschichtlich-statistische Abhandlung zur Grundlegung einer neuen Wissenschaft des Staats und der Gesellschaft*, Zürich und Winterthur, 1843 (Nachdruck, Glashütten, 1974).

대적 빈곤이 늘어날 수 있는 것이다. 사모예드 사람[8]은 어유魚油와 상한 물고기를 먹고 살지만, 그 폐쇄된 사회에서는 모든 사람의 욕구가 똑같으므로 가난하지 않다. 그러나 예컨대 사회의 전체 생산을 10년간 3분의 1만큼 늘린 **발전하는 국가**에서 노동자의 벌이가 10년 전이나 10년 후나 같다면, 그는 계속 같은 정도로 부유한 것이 아니라 3분의 1만큼 궁핍해진 것이다."(슐츠,《생산의 운동》, 65, 66쪽)

그러나 국민경제학은 노동자를 오로지 노동하는 동물, 가장 좁은 의미의 신체적 욕구들로 축소된 가축으로 여길 뿐이다.

"인민이 정신적으로 더 자유롭게 발전하려면, 더 이상 육체적 욕구에 예속된 노예 상태에 머물러서는 안 되고 몸의 종이어서는 안 된다. 그에게는 특히 정신적으로 창조하고 정신적으로 향유**할 수 있는 시간**도 있어야 한다. 노동 조직화가 발전하면 이런 시간을 얻을 수 있다. 오늘날에는 새로운 동력과 개선된 기계설비 덕분에, 면직공장 노동자 단 1명이 예전 노동자 100명분, 아니 250~350명분의 작업을 해치우는 일도 드물지 않다. 이런 결과는 모든 생산 부문에서 비슷하다. 왜냐하면 외부에 있던 자연의 힘이 점점 더 |X| 인간의 노동에 참

---

8   Samoyed. 러시아 북부에 사는 우랄계 종족이다.

여하도록 끌려 들어오기 때문이다. 과거에 일정량의 물질적 욕구를 충족하는 데 들던 시간과 인간의 힘이라는 비용이 이후에 절반으로 줄었다면, 감각적 즐거움을 잃지 않으면서 정신적인 창조와 향유를 할 수 있는 여유는 그만큼 확장될 것이다. (…) 그러나 우리가 늙은 크로노스[9]의 가장 내밀한 영역에서 빼앗아 온 전리품을 분배하는 일도, 여전히 맹목적이고 부정의한 우연이라는 주사위 놀이로 결정된다. 프랑스에서는 현재의 생산 단계에서 노동 능력이 있는 모든 사람의 평균 노동시간이 하루 5시간이면, 사회의 모든 물질적 이해관계를 충족하는 데 충분하다고 계산한다. (…) 기계설비 개량 덕분에 시간이 절감됐는데도, 수많은 사람에게는 공장에서 노예노동을 하는 시간이 길어졌을 따름이다."(슐츠, 《생산의 운동》, 67, 68쪽)

"복합적인 수작업을 넘어서려면, 먼저 그것을 단순 공정들로 분해해야 한다. 그러나 처음에는 단조롭게 반복되는 공정 중 **일부**만 기계에게 맡기고, 다른 부분은 사람에게 맡길 것이다. 그런 일의 본성상 그리고 여러 일치되는 경험에 따르면, 이처럼 지속되는 단조로운 활동은 정신과 신체에 해롭다. 따라서 이처럼 기계설비가 무수한 사람이 참여하는 수작업의 단순한

---

[9] Kronos. 그리스 신화에서 시간과 동일시되는 신이다.

분업과 **결합**할 때, 그 사람들에게 온갖 폐단이 나타날 수밖에 없다. 이런 폐단은 다른 무엇보다 공장 노동자의 사망률 상승으로 나타난다. |XI| (…) 인간이 기계를 **매개**로 삼아 노동하는 것과 인간이 기계**로서** 노동하는 것 사이의 이러한 엄청난 차이를 사람들은 (…) 유념하지 않았다."(슐츠, 《생산의 운동》, 69쪽)

"그러나 미래의 인민 생활에는 기계에서 작동하는 지성 없는 자연의 힘이 우리의 노예이자 종이 될 것이다."(슐츠, 《생산의 운동》, 74쪽)

"잉글랜드의 방적공장에는 남성이 불과 158,818명만 고용된 반면에, 여성은 196,818명이 고용되어 있다. 랭커스터 백작 영지의 면직공장에는 남성 노동자 100명당 여성 노동자가 103명이고, 스코틀랜드에서는 심지어 209명이다. 리즈의 아마亞麻공장에는 남성 노동자 100명당 여성 노동자가 147명, 던디를 비롯한 스코틀랜드 동부해안에서는 심지어 280명이다. 잉글랜드의 견직공장에는 수많은 여성 노동자가 일하는데, 노동에 더 큰 육체적 힘이 필요한 모직공장에는 남자가 더 많다. 북아메리카의 면직공장에는 1833년에 남성 18,593명과 함께 여성이 38,927명이나 고용되었다. 그러니까 노동 조직화가 변화하면서, 여성의 직업 활동 영역이 넓어

진 것이다. (…) 여성은 경제적으로 더욱 독립적인 위치를 얻었고 (…) 남녀 사이의 사회적 처지는 보다 가까워졌다."(슐츠,《생산의 운동》, 71, 72쪽) "증기와 수력으로 구동하는 잉글랜드의 방적공장에는 1835년에 8~12세 아동이 20,558명 일했고, 12~13세 아동은 35,867명, 마지막으로 13~18세 아동은 108,208명 일했다. (…) 물론 기계가 계속 발전하면서 모든 단조로운 일을 인간의 손에서 점점 덜어가기 때문에, |XII| 이런 악폐는 점차 사라진다. 그러나 이런 진보가 보다 빠르게 진행되지 못하게 가로막는 것은, 바로 자본가가 어린 아동까지 포함하는 하층계급의 힘을 가장 손쉽고 값싼 방식으로 전용하여 기계라는 보조 수단 **대신** 이용할 수 있는 상황이다."(슐츠,《생산의 운동》, 70, 71쪽)

"브루엄 Henry Brougham 경은 노동자에게 촉구한다. '자본가가 되어라.' (…) 수백만 명이 힘겹고 신체를 망치며 윤리적·정신적 불구로 만드는 노동을 해야만 불충분하게나마 생계를 꾸릴 수 있다는 것, 심지어 **그런** 일자리를 찾은 불운을 행운으로 여겨야 한다는 것은 재앙이다."(슐츠,《생산의 운동》, 60쪽)

"그러니까 무산자는 살기 위해 유산자에게 직접적으로나 간접적으로 **봉사**해야 한다. 즉 예속되어야 한다."(페쾨르,《사회 정치적 경제학의 새로운 이론》, 409쪽)[10]

하인―급료, 노동자―임금, 직원―보수나 봉급. (페쾨르, 《사회정치적 경제학의 새로운 이론》, 409, 410쪽)

"자기 노동을 임대함", "자기 노동을 이자를 받고 빌려줌", "다른 사람 대신 노동함."
"노동 재료를 임대함", "노동 재료를 이자를 받고 빌려줌", "자기 대신 다른 사람이 노동하게 함."(페쾨르, 《사회정치적 경제학의 새로운 이론》, 409, 410쪽)

|XIII| "이런 경제 구조는 그에 비하면 야만 상태가 왕의 처지처럼 보일 만큼, 인간을 그토록 비천한 일로, 그토록 절망적이고 처절한 타락으로 떨어뜨린다."(페쾨르, 《사회정치적 경제학의 새로운 이론》, 417, 418쪽)

"무산자의 온갖 유형의 성매매."(페쾨르, 《사회정치적 경제학의 새로운 이론》, 421쪽 이하) 넝마주이.

루동 Charles Loudon은 《인구와 생계 문제의 해결 Solution du problème de la population et de la subsistance》(Paris, 1842)에서 잉글랜드의 성매매

---

10   Constantin Pecqueur, *Théorie Nouvelle d'Économie Sociale et Politique, où Études sur l'Organisation des Sociétés*, Paris, 1842.

여성 수를 6만~7만 명으로 추산한다. 정조가 의심스러운 여성의 수도 그 정도라고 한다.

"거리를 헤매는 이 가련한 사람들의 평균 수명은 악덕의 길로 들어선 이후로 약 6년에서 7년이다. 성매매 여성 수가 6만 명에서 7만 명 사이로 유지되려면, 세 개의 왕국에서 해마다 적어도 8천 명에서 9천 명의 여성이 이 더러운 직종에 뛰어들어야 하는데, 이는 새로운 희생자가 대략 매일 24명, 즉 평균적으로 한 시간에 1명이어야 한다는 것이다. 만약 지구 전체에 이런 비율이 적용된다면, 이런 가련한 사람들이 항상 150만 명은 있을 것이 분명하다."(루동, 《인구와 생계 문제의 해결》, 229쪽)

"최빈층 빈곤의 심화와 더불어 최빈층 인구도 늘어나고 있다. 그리고 이러한 빈곤의 극한 지대에 가장 많은 사람이 몰려들어 고통받을 권리를 두고 다툰다. (…) 1821년 아일랜드 인구는 6,801,827명이었다. 1831년에는 7,764,010명으로 늘었다. 10년 간 14% 늘어난 것이다. 가장 부유한 지방인 렌스터의 인구는 8%밖에 늘지 않았지만, 가장 가난한 지방인 코노트의 인구는 21%나 늘었다. (아일랜드에 관한 잉글랜드 (의회) 보고서에서 발췌, Wien, 1840)"(뷔레Eugène Buret, 《잉글랜드와 프랑스 노동계급의 불행에 관하여De la Misère des Classes Laborieuses en

Angleterre et en France》, Paris, 1840, 36, 37쪽)

국민경제학은 노동을 추상적으로, 즉 하나의 사물로 고찰한다. 노동은 하나의 상품이다. 상품 가격이 높다면 수요가 많은 것이고, 가격이 낮다면 공급이 많은 것이다. 상품으로서 노동의 가격은 점점 낮아질 수밖에 없다(뷔레,《잉글랜드와 프랑스 노동계급의 불행에 관하여》, 43쪽). 한편으로 자본가와 노동자의 경쟁 때문에, 다른 한편으로 노동자 간의 경쟁 때문에 그렇게 될 수밖에 없다.

> "노동하는 사람, 즉 노동 판매자는 생산물의 최소 부분에 만족하도록 강요받는다. (…) 상품으로서의 노동에 관한 이론은 다름 아닌 은폐된 노예제에 관한 이론이 아니겠는가?"(뷔레,《잉글랜드와 프랑스 노동계급의 불행에 관하여》, 43쪽) "그렇다면 사람들이 노동에서 교환가치만 본 이유는 무엇인가?"(뷔레,《잉글랜드와 프랑스 노동계급의 불행에 관하여》, 44쪽)

거대 작업장은 여성과 아동의 노동을 사는 것을 좋아한다. 남자보다 비용이 덜 들기 때문이다(뷔레,《잉글랜드와 프랑스 노동계급의 불행에 관하여》, 44쪽).

> "노동자는 자기를 사용하는 사람에 대하여 **자유로운 판매자**의 처지에 있지 않다. (…) 자본가는 언제나 자유롭게 노동을 사

용하지만, 노동자는 언제나 노동을 팔도록 강요받는다. 노동은 매 순간 판매되지 않으면 가치가 완벽히 파괴된다. 진짜 상품과는 달리, 노동은 축적될 수 없을뿐더러 절약될 수조차 없다. |XIV| 노동은 삶이고, 삶은 매일매일 생활수단과 교환되지 않으면 고통스러워지고 곧 파멸한다. 인간의 삶이 하나의 상품이라면, 노예제를 용인해야 한다."(뷔레,《잉글랜드와 프랑스 노동계급의 불행에 관하여》, 49, 50쪽)

그러므로 노동이 상품이라면, 가장 비참한 특성을 가진 상품이다. 그러나 국민경제학의 원칙에 따르더라도, 노동은 상품이 아니다. **"자유로운 거래의 자유로운 결과"**가 아니기 때문이다(뷔레,《잉글랜드와 프랑스 노동계급의 불행에 관하여》, 50쪽). 현재의 경제 체제는

"노동의 가격과 보수를 동시에 억누른다. 그것은 노동자를 완성하고, 인간을 퇴화시킨다."(뷔레,《잉글랜드와 프랑스 노동계급의 불행에 관하여》, 52, 53쪽) "산업은 전쟁이 되고, 상업은 노름이 되었다."(뷔레,《잉글랜드와 프랑스 노동계급의 불행에 관하여》, 62쪽) (잉글랜드의) 면화 가공 기계만 해도 직공 8,400만 명을 대신한다. (뷔레,《잉글랜드와 프랑스 노동계급의 불행에 관하여》, 193쪽 주석)

산업은 현재까지 정복 전쟁을 벌이고 있다.

"위대한 정복자들과 마찬가지로, 산업은 자신의 군대를 이루는 인간의 삶을 냉담하게 탕진한다. 산업의 목표는 부의 소유이지 인간의 행복이 아니다."(뷔레,《잉글랜드와 프랑스 노동계급의 불행에 관하여》, 20쪽) "이런 이해관계"(즉 경제적 이해관계)"는 자유롭게 풀어놓으면 (…) 반드시 서로 분쟁에 빠진다. 이들의 심판관은 전쟁밖에 없고, 전쟁의 판정은 한쪽에는 패배와 죽음을, 다른 쪽에는 승리를 선사한다. (…) 학문은 이렇게 대립하는 힘들의 분쟁에서 질서와 균형을 추구한다. 학문의 견해에 따르면, 평화에 이르는 유일한 수단은 **끝없는 전쟁**이다. 이 전쟁의 이름은 경쟁이다."(뷔레,《잉글랜드와 프랑스 노동계급의 불행에 관하여》, 23쪽)

산업 전쟁을 성공적으로 수행하려면, 한 지점에 모아서 잔뜩 죽여도 괜찮을 무수한 군대가 필요하다. 그리고 이 군대의 병사가 자기에게 부과된 노역을 견디는 것은 충성심 때문도, 의무 때문도 아니다. 오로지 피할 수 없는 가혹한 굶주림에서 벗어나기 위해서이다. 그는 상관에 대한 애착도 없고, 고마움도 없다. 이 상관도 부하와 어떤 호의가 담긴 유대 관계도 맺지 않는다. 상관은 부하를 사람으로 대우하지 않고, 최소 비용으로 최대 이익을 내야 하는 생산수단으로 대우할 뿐이다. 점점 몰려드는 이 노동자 대중은 자신이 계속 사용되리라는 안심조차 할 수 없다. 이들을 소집한 산업은 이들이 필요할 때는 겨우 살게만 해줄 것이고, 이들을 내칠 수 있다면 최소한의 배려도 없이 버릴 것이기 때문이다. 그리고 노동자는 그들이 제시하는 가격에 자신의 인격과 힘을 넘겨주도록 강요받는다. 그는 길고 힘겹고 역겨운 노동을 할수록 돈을 덜 받는다. 하루 16시간 끊임없이 전력으로 일하면서도, 죽지 않을 권리조차 사기 어려운 사람도 있다. (뷔레, 《잉글랜드와 프랑스 노동계급의 불행에 관하여》, 68, 69쪽)

|XVI| "수직공의 형편에 관한 〔의회〕 조사위원들의 (…) 의견처럼, 거대한 공업도시는 주변의 농촌 지역에서 건강한 사람들, 신선한 피를 끊임없이 수혈받지 않으면 조만간 노동자 대중을 잃을 것이다." (뷔레, 《잉글랜드와 프랑스 노동계급의 불행에 관하여》, 362쪽)

2 { 자본의 이윤 } ✳

a) 자본

|I| 1) **자본**, 즉 타인의 노동 생산물에 대한 사적 소유는 어디에 기반하는가?   338

> "자본 자체가 도둑질이나 사기로 환원되지는 않지만, 상속을 정당화하려면 입법의 조력이 있어야 한다." (세, 《정치경제학 논고》 I, 136쪽 주석)[11]

사람들은 어떻게 생산 기금의 소유자가 되는가? 어떻게 이 기금

---

11 Jean-Baptiste Say, *Traité d'économie politique, ou simple exposition de la manière dont se forment, se distribuent et se consomment les richesses*, 3. éd, T. 1·2, Paris, 1817.

을 매개로 창출되는 생산물의 소유자가 되는가?

실정법에 의해서이다(세, 《정치경제학 논고》 II, 4쪽).

사람들은 자본으로, 가령 막대한 재산의 상속으로 무엇을 얻는가?

> "가령 막대한 재산을 상속받은 자가 이를 통해 정치권력을 직접 획득하진 않는다. 이런 소유가 그에게 무매개적으로 곧바로 넘겨주는 권력의 유형은 **구매할 수 있는 권력**이다. 다시 말해 현재 시장에 나와 있는 타인의 모든 노동에 대해, 혹은 이 노동의 모든 생산물에 대해 명령할 수 있는 권리이다." (스미스, 《국부론》 I, 61쪽)

따라서 자본은 노동과 그 생산물에 대한 **지배권력**이다. 자본가가 이 권력을 소유할 수 있는 것은 그의 개인적 혹은 인간적 특징 때문이 아니라, 그가 자본의 **소유자**이기 때문이다. 그의 자본이 지닌 **구매하는** 권력이 그의 권력이며, 여기에는 아무것도 저항할 수 없다.

앞으로 우리는 먼저 어떻게 자본가가 자본을 매개로 노동에 대해 지배권력을 행사하는지 살펴보고, 그다음에는 도대체 어떻게 자본이 자본가 자신에 대해 지배권력을 행사하는지도 살펴볼 것이다.

자본이란 무엇인가?

"비축되고 저장된 일정량의 **노동**" (스미스, 《국부론》 II, 312쪽)

자본은 **비축된 노동**이다.

2) **기금** 또는 자산stock은 모두 토지의 생산물과 제조업 노동의 생산물이 집적된 것이다. 자산은 소유자에게 소득 혹은 이익을 가져올 때만 **자본**이라고 불린다(스미스, 《국부론》 II, 191쪽).

b) 자본의 이윤

"**자본의 수익 혹은 이윤**은 **노동임금**과 사뭇 다르다. 이 차이는 두 가지로 나타난다. 우선, 서로 다른 자본에 의해 행해지는 감독과 지휘의 노동은 같을 수 있지만, 자본이윤은 전적으로 사용된 자본의 가치에 의해 제약받는다. 다음으로, 대공장에서는 이런 노동이 모두 주요 대리인에게 맡겨지지만, 그의 봉급은 |II| 자신이 경영을 관리하는 자본에 비례하지 않는다. 여기서 소유자는 아예 노동하지 않다시피 하지만, 그럼에도 자기 자본에 비례하여 이윤을 요구한다." (스미스, 《국부론》 I, 97~99쪽)

자본가가 이처럼 이윤과 자본이 비례해야 한다고 요구하는 이유는 무엇인가?

그가 노동자의 제작물을 판매함으로써 노동임금으로 선지급한 기금을 보충하는 데 필요한 정도보다 더 많이 얻을 것이라고 기대하지 않는다면, 노동자를 사용하는 일과 관련한 **이해관계**가 전혀 없을 것이다. 그리고 그의 이윤이 사용한 기금의 크기에 비례하지 않는다면, 적은 기금이 아니라 많은 기금을 사용하는 일과 관련한 **이해관계**가 없을 것이다. (스미스, 《국부론》 I, 97쪽)

따라서 자본가는 첫째로 급료에 기초하여 이윤을 얻고, 둘째로 선금을 주고 사들인 원료에 기초하여 이윤을 얻는다.
그렇다면 이윤과 자본 사이의 비율은 어떠한가?

주어진 장소와 [주어진] 시간에 대한 통상적인 평균 노동임금률을 정하는 일도 어렵지만, 자본의 이윤을 결정하는 일은 더욱 어렵다. 자본이 거래하는 상품의 가격 변동, 경쟁자나 고객의 행운과 불운, 운송 중이거나 보관 중인 상품이 겪는 수천 가지 다른 우연은 매일, 거의 매시간 이윤이 변동하게 만든다. (스미스, 《국부론》 I, 179, 180쪽) 그래서 자본의 이윤을 정밀하게 결정하는 일은 불가능하지만, 그래도 **금리**를 기준으로 떠올려볼 수 있다. 화폐로 이득을 많이 얻을 수 있다면 이런 [화폐의] 능력에 화폐를 많이 투여하고, 화폐를 매개로 얻는 이득이 적다면 이런 능력에 화폐를 덜 투여한다. (스미스, 《국부론》 I, 180, 181쪽) 통상 이자율과 순이윤율의 비율은 이윤의 상승이나 하락과 더불어 변동하기 마련이다. 영국에서 상인들이 공정하고 적당하며 합리적인 이윤이라고 부르는 것은 이자의 두 배로 산정되는데, 이런 표현은 단지 **통상적이고 관례적인 이윤**을 뜻할 따름이다. (스미스, 《국부론》 I, 198쪽)

최저 이윤율은 무엇인가? **최고** 이윤율은 무엇인가?

자본의 통상적인 **최저** 이윤율은 항상 자본을 어떻게 사용하든 겪을 수 있는 우연적 손실을 상쇄하는 데 필요한 것보다는 **어느 정도 많아야** 한다. 원래 이러한 잉여가 이윤 혹은 순이윤이다. 최저 이자율도 마찬가지이다. (스미스, 《국부론》 I, 196쪽)

|Ⅲ| 통상적 이윤이 다다를 수 있는 **최고** 이윤율은 대다수 상품에서 **지대 전체를 공제**하고, 공급한 상품에 포함된 노동임금을 **최저 가격**까지, 즉 노동하고 있는 노동자가 겨우 생계만 유지할 정도까지 축소한 이윤율이다. 노동자는 매일의 작업에 사용되는 한, 항상 어떤 식으로든 부양되어야 한다. 지대는 전부 없앨 수 있다. 예를 들어, 벵골에 있는 동인도회사 직원들. (스미스, 《국부론》 I, 197, 198쪽)[12]

---

12 애덤 스미스는 《국부론》에서 지대를 전혀 지급하지 않고 임금은 최저생계비

자본가는 경쟁이 약할 때 온갖 이점을 **철저히 이용**할 수 있을 뿐 아니라, 점잖은 방식으로도 시장가격을 자연가격보다 높게 유지할 수 있다.

우선은 상업 비밀을 통해서이다. 시장이 관련자들로부터 매우 멀리 떨어져 있는 경우에 그렇다. 그러니까 가격 변동과 자연적 상태를 넘는 가격 상승을 비밀에 부치는 것이다. 또한 이러한 비밀 유지는 다른 자본가들이 이 분야에 자본을 투자하지 않도록 하는 성과로도 이어진다.

다음은 공장 비밀을 통해서이다. 자본가가 생산비를 낮추면서, 가격은 경쟁자들과 같거나 심지어 더 낮게 책정하여 상품을 납품함으로써, 더 많은 이익을 거두는 경우가 그렇다. (비밀 유지를 통한 기만은 비윤리적이지 않은가? 주식 거래.) **나아가** (가령 값비싼 포도주처럼) 생산이 특정 장소에 결부되어 있고, **유효수요**가 결코 충족될 수 없는 경우도 있다. **끝으로** 개인과 회사의 **독점**을 통해서이다. 독점가격은 최대치로 높아진다. (스미스,《국부론》I, 120~124쪽)

자본의 이윤을 높일 수 있는 또 다른 우연적 원인들은 다음과

만큼만 지급할 때 이윤율이 최고에 이른다는 일종의 사유 실험을 전개하면서, 동인도회사가 인도에서 얻는 이윤이 여기에 가까울 것이라고 지적한다.

같다.

새로운 영토의 획득이나 새로운 상업 분야의 획득은 부유한 나라에서조차 종종 자본이윤을 증대시킨다. 기존의 상업 분야들로부터 자본 일부가 빠져나가, 경쟁이 줄고 시장에 상품을 덜 공급하게 되면서, 가격이 오르기 때문이다. 그래서 이런 상품을 거래하는 사람들은 더 높은 이자를 지불하더라도 돈을 빌릴 수 있다. (스미스,《국부론》I, 190쪽)

어떤 상품이 더 많이 가공될수록, 즉 제조업이 더 많이 다루는 대상이 될수록, 그 가격 중에서 노동임금과 이윤으로 나뉘는 부분의 비율이 지대로 나뉘는 부분에 비해 높아진다. 이런 상품에 대한 수작업이 늘어나면 이윤의 수치가 커질 뿐 아니라, 그다음에 이어지는 이윤은 모두 선행하는 이윤보다 크다. |IV| 이렇게 뒤에 파생되는 이윤을 낳는 자본이 필연적으로 항상 더 크기 때문이다. 아마포를 만드는 직공을 노동하게 하는 자본은 실을 뽑는 직공을 노동하게 하는 자본보다 필연적으로 항상 더 크다. 아마포를 만드는 자본은 실을 뽑는 자본과 그 이윤을 지불할 뿐만 아니라, 아마포 직공의 봉급까지 지급하기 때문이다. 그리고 이윤이 항상 자본과 일종의 비례관계를 이루는 것은 필연적이다. (스미스,《국부론》I, 102, 103쪽)

그러므로 자연생산물 및 가공된 자연생산물을 다루는 인간 노동의 발전은 노동임금을 높이는 것이 아니라, 한편으로 이윤을 얻는 자본의 수를 늘리고, 다른 한편으로 선행 자본에 대한 모든 후속 자본의 비율을 높인다.

자본가가 분업에서 얻는 이익에 대해서는 뒤에 서술할 것이다.

자본가는 이중으로 이익을 얻는다. 첫째로 분업에서 이익을 얻고, 둘째로 일반적으로는 자연생산물을 다루는 인간 노동의 발전에서 이익을 얻는다. 상품에서 인간의 기여분이 커질수록, 죽은 자본의 이익이 커진다.

> 하나의 사회에서 자본이 거두는 평균 이윤율은 다양한 종류의 노동이 받는 노동임금에 비해 훨씬 더 평준화되어 서로 비슷하다. (스미스, 《국부론》 I, 228쪽) 자본을 다양하게 사용할 때, 통상 이윤율은 자본 회수의 확실성 정도에 따라 변동한다. 완전한 비례를 이루지는 않지만, 위험이 커지면 이윤율은 올라간다. (스미스, 《국부론》 I, 226, 227쪽)

(가령 지폐 같이) 유통수단이 사용하기 쉬워지거나 비용이 낮아지면, 자본이윤도 상승하는 것은 자명하다.

c) 자본의 노동 지배와 자본가의 동기

자본 소유자가 그 자본을 농업, 제조업, 혹은 도매업이나 소매업의 특정 분야 중 어디에 사용할지 결정하게 하는 유일한 동기는, 그 자신의 이윤이라는 관점이다. 자본가는 이처럼 다양한 종류의 자본 사용 각각이 생산적 노동을 얼마나 활동하도록 하는지, 혹은 |V| 자기 나라의 토지 및 노동의 연간 생산에 가치를 얼마나 더하는지 계산할 생각은 결코 하지 않는다. (스미스, 《국부론》 II, 400, 401쪽)

자본가에게 가장 이로운 자본 사용은 안전이 보장되는 정도가 같다면 이윤을 가장 많이 안겨주는 경우이다. 이런 사용이 꼭 사회에 가장 이롭지는 않다. 가장 이로운 사용은 자연의 생산력에서 이익을 끌어내는 데 활용되는 것이다. (세, 《정치경제학 논고》 II, 130, 131쪽)

노동에서 가장 중요한 공정은 자본을 사용하는 사람들의 계획과 기획으로 규제되고 인도된다. 그리고 이들이 이러한 모든 계획과 공정에서 앞세우는 목적은 **이윤**이다. 따라서 이윤율은 지대와 노동임금처럼 사회가 부유해진다고 오르거나, 사회가 쇠퇴한다고 내려가지 않는다. 그와 반대로 이윤율은 당연히 부유한 나라에서는 낮고, 가난한 나라에서는 높다. 그리고 이윤율은 가장 빠르게 파멸하고 있는 나라에서 가장 높다. 따라서 이 계급(자본가)의 이해관계가 사회의 일반적 이해관계와 맺는 관계는, 다른 두 계급(지주와 노동자)의 이해관계가 그와 맺는 관계와는 다르다. (…) 특수한 상업이나 제조업 분야의 경영자들의 특수한 이해관계는 어떤 면에서 늘 공공의 이해관계와 다르고, 종종 공공의 이해관계에 적대적이기까지 하다. 상인의 이해관계는 언제나 시장을 확대하고 판매자 간의 경쟁을 제한하는 것이다. (…) 이들은 자신의 이해관계가 사회의 이해관계와 결코 정확히 일치하지 않는 계급이고, 일반적으로 공공을 속이고 기만하는 데 이해관계가 있는 계급이다. (스미스, 《국부론》 II, 163~165쪽)

d) 자본 축적과 자본가 간의 경쟁

자본들이 늘어나면, 자본가 간의 경쟁으로 인하여 노동임금이 상승하고 자본가의 이윤이 감소하는 경향이 있다. (스미스, 《국부론》 I, 179쪽)

"예컨대 어떤 도시의 잡화 영업에 필요한 자본이 두 잡화상으로 나뉘어 있으면, 경쟁으로 인하여 이 둘은 모두 자본이 단 하나의 잡화상의 수중에 있을 때보다 저렴하게 판매한다. 그리고 스무 개의 잡화상으로 |VI| 나뉘어 있으면, 경쟁은 그만

큼 더 격심해지고, 이들이 상품 가격을 올리려고 담합할 여지도 적어질 것이다."(스미스, 《국부론》 II, 372, 373쪽)

이미 우리는 독점가격은 최대치로 높아진다는 것을 안다. 그 이유는 심지어 일반적인 국민경제학의 관점에서 보더라도 자본가의 이해관계가 사회에 적대적이기 때문이고, 자본이윤 증대가 상품 가격에 마치 복리처럼 작용하기 때문이다(스미스, 《국부론》 I, 201쪽). 그러므로 자본가에 대항하는 유일한 교정책은 **경쟁**이다. 국민경제학의 서술에 따르면, 경쟁은 노동임금을 높이고 소비 대중에게 유리하게 물가를 낮추는 유익한 작용을 한다.

하지만 경쟁은 자본들이 늘어나되, 여러 사람의 수중에서 늘어날 때만 일어날 수 있다. 그리고 자본은 일반적으로 축적을 통해서만 출현하므로, 다자多者가 축적할 때만 많은 자본이 출현할 수 있다. 그러나 다자 축적은 필연적으로 단독 축적으로 바뀐다. 자본들 간의 경쟁은 자본 축적을 강화한다. 사유재산이 지배하는 곳에서 자본이 소수의 수중에 **집중**되는 축적은, 자본이 자연스러운 경로에 맡겨지면 보통 다다르게 되는 필연적인 귀결이다. 그리고 자본의 이 자연적 결정은 경쟁을 통해야만 제대로 자유롭게 활로를 개척한다.

우리는 자본의 이윤이 자본 크기에 비례함을 알고 있다. 따라서 고의적인 경쟁을 일단 제쳐두더라도, 대자본은 그 크기에 비례하여 영세자본보다 빠르게 축적된다.

|VIII| 그러니까 경쟁을 다 제쳐두더라도, 대자본 축적은 영세자본 축적보다 훨씬 빠르다. 이제 이 과정을 계속 따라가 보자.

자본들이 늘어남에 따라 경쟁이 벌어지기 때문에, 자본이윤은 줄어든다. 그러면 먼저 영세자본가가 시련을 겪는다.

자본이 다수 자본들로 늘어나려면, 먼저 국부國富의 증대가 필요하다.

"부가 극히 높은 수준에 도달한 나라에서는 통상적 이윤율이 매우 낮기 때문에, 이런 이윤으로는 매우 낮은 이자 지급만 감당할 수 있고, 따라서 대단한 부자가 아니라면 금리로 살아갈 수 없다. 그래서 중간 정도의 자산을 가진 사람은 모두 자기 자본을 사용하여, 스스로 사업을 벌이거나 어떤 상업 분야에 관여할 수밖에 없다." (스미스, 《국부론》I, 196, 197쪽)

이는 국민경제학이 가장 좋아하는 상태이다.

"어디에서나 자본의 총계와 소득의 총계 간의 비율이 산업과 무위도식 간의 비율을 결정한다. 여기에서 자본이 앞서는 곳에서는 산업이 확산하고, 소득이 앞서는 곳에서는 무위도식이 확산한다." (스미스, 《국부론》II, 325쪽)

이제 이처럼 경쟁이 심해졌을 때, 자본은 어떻게 사용되는가?

"자본들이 늘어나면, 이자를 받고 빌려줄 수 있는 기금의 양도 연이어 커질 수밖에 없다. 이런 기금이 늘어나면, 금리는 낮아진다. 왜냐하면 1) 모든 물건은 그 양이 늘면 시장가격이 떨어지기 때문이고, 2) **한 나라에서 자본들이 늘어나면 새로운 자본을 유리한 방식으로 투자하기가 더 어려워지기 때문이다.** 자본의 소유주는 다른 자본이 점유한 자리 혹은 사업을 빼앗기 위해 할 수 있는 온갖 노력을 기울이기 때문에, 서로 다른 자본 간에 경쟁이 일어난다. 그러나 자본가가 다른 자본을 그 자리에서 밀어내려면, 대개 더 나은 거래 조건을 제시해야 한다. 그는 물건을 더 싸게 판매해야 할 뿐 아니라, 때로는 판매 기회를 얻기 위해서 물건을 더 비싸게 구입해야 한다. 생산노동을 유지하는 데 쓰이는 기금이 많아지면, 이런 노동에 대한 수요는 커진다. 그래서 노동자는 손쉽게 일자리를 얻지만, |IX| 자본가는 노동자를 찾기 힘들다. 자본가 간의 경쟁은 임금을 높이고 이윤을 낮춘다."(스미스, 《국부론》 II, 358, 359쪽)

따라서 영세자본가가 가질 수 있는 선택지는 다음과 같다. 1) 더 이상 이자로 살아갈 수 없으므로, 자기 자본을 잠식하여 이제 자본가가 아니게 된다. 2) 손수 사업을 벌여서, 부유한 자본가보다 상품을 싸게 판매하고 비싸게 구입하며 더 높은 노동임금을 지급한다. 이 경우 이미 격심한 경쟁 때문에 시장가격이 매우 낮으므로, 끝내 파산에 이른다. 이에 반해 영세자본가를 밀어내려는 대자본가는 영세자본가보다 유리한 점이 많은데, 이는 자본가가 자본가로서 노동자보다 유리한 점이 많은 것과 마찬가지이다. 대자본가는 이윤이 하락해도 더 큰 자본 규모로 상쇄할 수 있으며, 심지어 일시적인 손해를 보더라도 영세자본가가 파산하여 이 경쟁에서 벗어날 때까지 버틸 수 있다. 이렇게 대자본가는 영세자본가의 이윤을 자신이 축적한다.

더 나아가 대자본가는 대량 구매하기 때문에, 영세자본가보다 점점 싸게 구매한다. 그러니까 더 싸게 팔아도 손해를 보지 않는다.

그러나 이처럼 금리가 낮아져서 중간 규모 자본가가 이자 생활자에서 사업가로 변신하면, 거꾸로 사업에 뛰어드는 자본이 늘어서 이윤이 줄기 때문에 금리가 낮아진다.

> "자본을 사용해 얻을 수 있는 이윤이 낮아지면, 자본을 사용하기 위해 지불할 수 있는 가격도 필연적으로 낮아진다." (스미스, 《국부론》 II, 359쪽)

> "부, 산업, 인구가 늘수록 금리는 낮아지고, 따라서 자본가의 이윤도 줄어든다. 그러나 이윤 감소에도 불구하고, 자본 자체는 불어날 뿐만 아니라 그 속도도 이전보다 빠르다. 일반적으로 대자본은 이윤이 적더라도, 이윤이 많은 영세자본보다 빨리 불어난다. 속담이 말하듯, 돈이 돈을 번다." (스미스, 《국부론》 I, 189쪽)

그러니까 격심한 경쟁이라는 조건하에서, 대자본은 자신에게 맞서는 이윤이 적은 영세자본들을 완전히 으스러뜨린다.

그렇다면 이런 경쟁의 필연적 결과는 대도시에서 볼 수 있듯, 상품이 대부분 조악해지고 불순물이 섞이며 모조품이 생산되고 전반적으로 망가지는 것이다.

|X| 대자본과 영세자본의 경쟁에서 또 다른 중요한 요인은 **고정자본**과 **유동자본**의 관계이다.

> "**유동자본**은 식료품 생산이나 제조업이나 상업에서 사용되는 자본이다. 이렇게 사용되는 자본은 그 주인의 소유로 남아 있거나 동일한 형태로 남아 있는 동안에는 주인에게 소득이나 이윤을 안겨주지 않는다. 그것은 끊임없이 특정 형태로 주인의 수중을 떠났다가 다른 형태로 그에게 되돌아오는데, 오로지 이런 유통 혹은 연속적 변형과 교환을 매개로 이윤을 가져온다. **고정자본**은 토지 개량이나 기계, 도구, 연장 및 이와 비슷한 물건의 구매에 투여되는 자본이다." (스미스, 《국부론》 〔Ⅱ〕, 197, 198쪽)

"고정자본 유지에 드는 비용에 대한 모든 절감은 순이익을 높인다. 노동자를 고용하는 각 기업가의 전체 자본은 필연적으로 고정자본과 유동자본으로 나뉜다. 그 총액이 같을 경우, 한 부분이 늘어나면 다른 부분은 줄어든다. 유동자본은 기업가에게 재료와 임금을 공급하며, 산업이 돌아가게 한다. 따라서 노동 생산력을 감소시키지 않으면서 고정자본을 절감하면, 전부 기금 증식으로 이어진다." (스미스, 《국부론》 II, 226쪽)

고정자본과 유동자본의 비율이 영세자본가보다 대자본가에게 훨씬 유리하다는 것은 애당초 분명하다. 매우 큰 규모의 은행가는 매우 영세한 은행가보다 고정자본이 미미한 정도로 더 필요할 뿐이다. 이들의 고정자본은 사무실뿐이다. 대지주에게 필요한 도구가 토지 규모에 비례하여 많아지는 것도 아니다. 이와 마찬가지로 대자본가는 영세자본가보다 신용이 앞서므로 고정자본 비용을 더 절감할 수 있다. 즉 언제든 쓸 수 있도록 늘 준비해두어야 하는 돈을 더 절감할 수 있다. 마지막으로 명백한 점은 산업 노동이 고도화된 곳, 다시 말해 거의 모든 손노동이 공장노동으로 변한 곳에서, 영세자본가는 자기 자본을 다 써도 꼭 필요한 고정자본조차 가질 수 없다는 것이다. 대규모 영농에는 보통 노동력이 적게 필요하다는 것은 잘 알려져 있다.

일반적으로 영세자본에 비해 대자본이 축적되면 이에 비례하여 고정자본의 집중과 단순화가 일어난다. 대자본가는 자신을 위해 일종의 |XI| 노동수단 조직화를 도입한다.

"이와 마찬가지로 공업 분야에서 모든 제조장과 공장은 이미 생산이라는 **공동** 목적을 위하여, 거대한 물적 자산이 수많은 다양한 지적 능력 및 기술적 숙련과 매우 포괄적으로 결합된 것이다. (…) 입법을 통해 대규모 토지 재산이 유지되는 곳에서는, 성장하는 인구 중 잉여가 공업으로 밀려든다. 따라서 영국에서처럼 거대한 프롤레타리아 대중이 모이는 곳은 주로 공업 분야이다. 그러나 프랑스처럼 입법을 통해 토지의 지속적인 분할을 허용하는 곳에서는, 부채를 짊어진 소규모 소유자가 늘어난다. 이런 분할이 계속되면, 이들은 궁핍하고 불만을 품은 계급으로 내던져진다. 마침내 이런 분할과 부채가 과도해지면, 대공업이 영세공업을 파멸시키듯이 대토지 소유가 영세토지 소유를 다시 집어삼킨다. 그리고 이제 더 거대한 토지 집합체가 다시 형성되어, 토지 경작에 꼭 필요하지 않은 무산 노동자가 거듭 공업으로 밀려든다."(슐츠, 《생산의 운동》, 58, 59쪽)

"같은 종류의 상품이더라도 생산방식의 변화로 인해, 특히 기계설비의 사용으로 인해 그 성질이 달라진다. 단지 인간의 힘을 배제했을 뿐인데, 가격 3실링 8펜스인 솜 1파운드로, 길이 167영국마일 혹은 36독일마일에 거래 가격 25기니인 실 350차스펠[13]을 뽑을 수 있게 되었다."(슐츠, 《생산의 운동》, 62쪽)

---

13 Zaspel. 실의 거래 단위로, 실 10~20타래를 뜻한다.

"잉글랜드에서 면직 의류 가격은 45년 전에 비해 평균 12분의 11이나 낮아졌다. 그리고 마셜John Marshall의 계산에 따르면, 동일한 양의 공산품을 1814년에는 16실링으로 구매했지만 이제는 약 1실링 10펜스로 구매할 수 있다. 공산품이 저렴해지면 국내 소비가 진작될 뿐 아니라 해외 시장도 확대된다. 그래서 영국에서 면화 부문 노동자 수는 기계 도입 후에도 줄지 않고, 오히려 4만 명에서 150만 명으로 늘어났다. |XII| 이제 공업 부문 기업가와 노동자의 벌이를 살펴보면, 공장주 간의 경쟁이 격화되면서 이윤은 그들이 공급하는 생산물의 양에 비례하여 필연적으로 줄어들었다. 1820~1833년에 맨체스터의 공장주가 옥양목 한 필당 올리는 총수익은 4실링 1과 3분의 1펜스에서 1실링 9펜스로 낮아졌다. 그러나 생산 규모가 그만큼 더 확대되어 이런 손실을 벌충할 수 있었다. 그 결과 몇몇 공업 부문에서는 부분적으로 과잉생산이 일어나고 종종 파산도 발생하면서, 자본가 및 고용주 계급 **내부에서** 소유가 불안정하게 변동하고 동요하게 되었고, 경제적 파탄에 이른 자들 일부는 프롤레타리아트로 내던져졌다. 또한 일자리를 돌연 없애거나 줄일 필요가 종종 생겼는데, 그로 인한 손해를 더 쓰라리게 겪는 것은 언제나 임금노동자 계급이다."(슐츠, 《생산의 운동》, 63쪽)

"자신의 노동을 빌려준다는 것은 노예가 되기 시작하는 것이다. 노동 재료를 빌려준다는 것은 자신의 자유를 세우는 것이다. (…) 노동은 인간이지만, 재료에는 인간적인 것이 없다."
(페쾨르, 《사회정치적 경제학의 새로운 이론》, 411, 412쪽)

"재료라는 요소는 **노동**이라는 또 다른 요소 없이는 부를 창출할 수 없으면서도, 그들(재료 소유자)을 위해 산출할 수 있는 마술적 힘을 얻는다. 마치 그들 자신이 이 불가결한 요소(노동)를 투입했다는 듯이."(페쾨르, 《사회정치적 경제학의 새로운 이론》, 411, 412쪽)

"노동자가 매일 하는 일의 연평균 수입이 400프랑이고 이 액수가 성인 한 사람이 빈궁하게 사는 데 충분하다고 전제한다면, 이자, 소작료, 임대료 등으로 2,000프랑을 얻는 누군가는 5명에게 자신을 위해 일하도록 간접적으로 강제하는 것이다. 이자 10만 프랑은 250명의 노동을 뜻하고, 이자 100만 프랑은 2,500명의 노동을 뜻한다."(따라서 3억 프랑—루이 필리프—은 노동자 75만 명의 노동을 뜻한다.) (페쾨르, 《사회정치적 경제학의 새로운 이론》, 412, 413쪽)

"인간의 법은 유산자에게 모든 노동 재료를 사용하고 오용할 권리, 그 재료로 자기가 원하는 것을 만들 권리를 부여한다. (…) 법은 유산자가 무산자에게 적절한 시기에 그리고 언제나 일자리를 제공하거나 충분한 임금을 지급할 의무 따위는 결코 부과하지 않는다."(페쾨르, 《사회정치적 경제학의 새로운 이론》, 413쪽) "생산의 본성, 양, 질, 합목적성, 부의 사용과 소비, 모든 노동 재료의 처분에 있어서 완전한 자유를 누린다. 각자는 자신의 개인적 이해관계만 고려하여 내키는 대로 자기 물건을 교환할 자유를 누린다."(페쾨르, 《사회정치적 경제학의 새로운 이론》, 413쪽)

348 "경쟁은 마음대로 이루어지는 교환을 표현할 뿐인데, 이런 임의적인 교환 자체는 모든 생산 도구를 사용하고 오용할 개인적 권리가 있다는 사실로부터 나오는 즉각적이고 논리적인 귀결이다. 이 세 가지 경제적 계기, 즉 사용과 오용의 권리, 교환의 자유, 무제한 경쟁은 현실에선 하나의 계기를 이루면서 다음과 같은 결과를 가져온다. 각자는 자신이 원하는 것을, 자신이 원할 때, 자신이 원하는 곳에서, 자신이 원하는 방식으로 생산한다. 각자는 잘 생산하거나 잘못 생산하고, 너무 많이 생산하거나 너무 적게 생산하며, 너무 늦게 생산하거나 너무 이르게 생산하고, 너무 비싸게 생산하거나 너무 싸게 생산한다. 그가 이것을 판매할지, 누구에게 판매할지, 어떻게 판매할지, 언제 판매할지, 어디에서 판매할지는 아무도 모른다. 구매도 마찬가지이다. |XIII| 생산자는 욕구도, 원료도, 수요나 공급도 모른다. 그는 자기가 원할 때, 자기가 할 수 있을

때, 자기가 원하는 곳에서, 자기가 원하는 사람에게, 자기가 원하는 가격으로 판매한다. 그는 이와 마찬가지로 구매한다. 이 모든 일에서 그는 언제나 우연의 노리개이고, 자기보다 강하고 덜 억눌리고 부유한 자가 세우는 법의 노예이다. (…) 어느 곳에서는 부가 부족하지만, 다른 곳에서는 부가 넘쳐나고 낭비된다. 어느 생산자는 많이 혹은 몹시 비싸게 그리고 엄청난 이문을 남기면서 파는 반면, 다른 생산자는 아무것도 못 팔거나 손해를 감내하면서 판다. (…) 공급은 수요에 대해 모르고, 수요는 공급에 대해 모른다. 당신은 소비자의 취향이나 유행을 믿고 생산하지만, 상품을 내놓을 때에는 소비자의 변덕스런 마음은 벌써 떠나서 다른 생산물을 향한다. (…) 이로부터 나타날 수밖에 없는 결과는 끊임없이 만연하는 파산, 희망에 대한 환멸, 돌연한 붕괴, 그리고 기대하지 않은 재산 형성이다. 또 상업 공황, 휴업, 주기적 과잉공급이나 상품 부족이다. 또한 임금 및 이윤의 불안정과 하락, 그리고 격심한 경쟁의 전쟁터에서의 재화, 시간, 노력의 손실이나 엄청난 낭비로도 나타난다."(페쾨르, 《사회정치적 경제학의 새로운 이론》, 414~416쪽)

리카도는 저서("지대")[14]에서 이렇게 말한다. 국가는 생산 작업장

---

14 리카도의 저서 《정치경제학과 과세의 원리 On the Principles of Political

일 뿐이고, 인간은 소비하고 생산하는 기계이다. 인간의 삶은 하나의 자본이다. 경제법칙은 세계를 맹목적으로 지배한다. 리카도에게 인간은 아무것도 아니고, 생산물이 전부이다. 프랑스어 번역판 26장에서는 이렇게 말한다.[15]

"자본 2만 프랑으로 연간 이윤 2천 프랑을 남기는 사람에게는, 그 자본이 백 명을 고용하든 천 명을 고용하든 정녕 아무래도 상관없다. (…) 한 국가의 실질적 이해관계도 이와 같지 않겠는가? 그 순수익과 실질수익, 임대료와 이윤만 똑같이 유지된다면, 그 국가를 이루고 있는 사람이 1천만 명인지, 1천 2백만 명인지가 무엇이 중요하겠는가?"[16] 시스몽디는 "그저 홀로 섬에 남은 군주가 자동기계의 손잡이를 쉴 새 없이 돌리면 잉글랜드의 모든 노동이 수행되기를 희망하면 된다"고 말한다. (시스몽디, 《정치경제학의 새로운 원리들》 II, 331쪽)[17]

Economy, and Taxation》(1817)[발췌본 개정판, 권기철 옮김, 책세상, 2019] 중 "지대"를 다루는 부분을 뜻한다.
15 이어지는 리카도와 시스몽디의 저서 인용문은 뷔레의 저서 《잉글랜드와 프랑스 노동계급의 불행에 관하여》에서 재인용한 것이다.
16 David Ricardo, *Des principes de l'économie politique, et de l'impôt*, T. II, 2-e éd., Paris, 1835, 194~195쪽.
17 Jean Charles Leonard Simonde de Sismondi, *Nouveaux principes d'économie politique, ou de la richesse dans ses rapports avec la population*, 2. ed., Paris, 1827.

"노동자의 노동을 가장 절박한 욕구도 거의 충족시킬 수 없을 만큼 낮은 가격에 사는 주인에게는, 불충분한 임금이나 장시간 노동에 대한 책임이 없다. 그 자신도 그가 세운 법을 따라야 한다. (…) 빈곤은 인간이 아니라 사태의 강제력으로부터 나온다."(뷔레,《잉글랜드와 프랑스 노동계급의 불행에 관하여》Ⅱ, 82쪽)

"잉글랜드에는 주민에게 토지를 온전하게 경작할 자본이 없는 지역들이 많다. 스코틀랜드 남부 지방의 양모는 대부분 험한 길을 통해 장거리 육로 운송을 한 후에야 요크 백작령에서 가공된다. 양모 생산지에는 제조업을 위한 자본이 없기 때문이다. 잉글랜드에는 주민에게 자신이 만든 공산품을 수요와 소비자가 있는 먼 시장까지 운송할 자본이 충분하지 않은 소규모 공업도시들이 많다. 이런 곳의 상인들은 |XIV| 몇몇 대규모 상업도시에 사는 부유한 상인의 대리인들일 뿐이다." (스미스,《국부론》Ⅱ, 382쪽) "토지와 노동의 연간 생산 가치를 높이기 위해서는, **생산노동자 수**를 늘리거나 전부터 고용되어 있는 **노동자의 생산력**을 높이는 길밖에 없다. (…) 이 중 어느 경우라도 거의 언제나 자본의 증대가 필요하다."(스미스,《국부론》Ⅱ, 338쪽)

"그러므로 분업을 위해서는 자본 **축적**이 필연적으로 선행해야 한다는 것이 사태의 본성이기 때문에, 노동은 자본이 점점 쌓이는 데 비례하여 점점 세분화될 수 있다. 노동이 세분화될수록, 같은 수의 사람이 하는 작업에 투여할 수 있는 재료 양이 늘어난다. 그리고 각 노동자의 업무가 점차 고도로 단순하게 축소되기 때문에, 이런 업무를 쉽게 하고 단축시키기 위해 새로운 기계가 숱하게 발명된다. 그러니까 분업이 확대될수록, 같은 수의 작업자를 계속 고용하려면 예전과 같은 양의 생활수단 예비분과, 과거의 덜 발달한 상태에서 필요하던 것보다 훨씬 많은 재료, 도구, 연장의 예비분을 사전에 축적해야 한다. 각각의 노동 부문에서는 분업이 확대됨에 따라 동일 시간에 일하는 노동자 수가 증가한다. 아니면, 오히려 노동자 수의 증가가 노동자를 이런 식으로 분류하고 세분화하게 한다."(스미스,《국부론》Ⅱ, 193, 194쪽)

"노동이 이런 거대한 생산력 확대를 감당하려면 사전에 자본이 축적되어야 하는 것과 마찬가지로, 자본 축적은 이러한 생산력 확대를 자연스럽게 유발한다. 그러니까 자본가는 자신의 자본을 통하여 최대한 많은 제품을 생산하기를 바라기 때문에, 자신이 고용한 노동자들 간의 가장 적절한 분업을 도입하고 그들에게 가능한 한 가장 좋은 기계를 내준다. 이 두 가지에서 성공을 거두기 위한 수단은 |ⅩⅥ| 자본 규모 및 그 자본이 계속 고용할 수 있는 사람들의 수에 비례한다. 그러니까

각 나라에서 산업의 양은 그것을 돌아가게 하는 **자본의 성장**을 매개로 증가하며, 나아가 이런 자본 성장으로 인하여 산업의 양이 동일해도 훨씬 많은 양의 제품을 생산한다."(스미스, 《국부론》I, 194, 195쪽)

따라서 **과잉생산**이 일어난다.

"공업과 상업에서는 사업 규모를 확대하기 위해 더 많은 수의 더 다양한 인간의 힘과 자연의 힘을 통합함으로써 (…) 생산력들을 더욱 포괄적으로 조합한다. 또한 (벌써 도처에서) 주요 생산 부문들이 더욱 긴밀하게 결합하고 있다. 그리하여 대공장주는 이와 더불어 대토지를 소유하려고 애쓴다. 이는 자신의 공업에 필요한 원료 중 최소한 일부라도 제3자에게서 구하지 않기 위해서다. 아니면, 대공장주는 자신의 공업 부문 사업을 상업에 연결시킨다. 이는 자신의 공산품을 판매하기 위해서일 뿐만 아니라, 다른 종류의 생산물을 구매하여 자신의 노동자에게 판매하기 위해서이기도 하다. 1명의 공장주가 때로는 1만~1만 2천 명의 노동자 위에 군림하는 잉글랜드에서는 (…) **하나의** 지도적 지성 아래 서로 다른 생산 부문을 이렇게 연결하는 일, 즉 국가 내의 작은 국가 혹은 지방을 만드는 일이 드물지 않다. 그리하여 과거에는 다양한 기업가와 소유주에게 나뉘어 있던 **전체** 제철 과정을, 근래에는 **버밍엄**의 광

산주가 넘겨받는다. 《독일 계간지Deutsche Vierteljahrsschrift》 1838년 3호에 실린 〈버밍엄 광산 지대Der bergmännische Distrikt bei Birmingham〉를 참조하라. 마침내 그렇게 늘어난 거대 주식회사들에서는 **수많은** 관계자의 돈의 힘이, 노동을 수행하도록 위임받은 다른 사람들의 과학적·기술적 지식 및 숙련과 포괄적으로 조합된다. 이를 통해 자본가는 절감한 비용을 다양한 방식으로 사용하고, 나아가 농업, 공업, 상업에서의 생산에 동시에 사용할 수 있게 된다. 따라서 자본가의 이해관계는 동시에 더욱 다면적이게 되고, |XVI| 농업, 공업, 상업의 이해관계 간의 대립은 완화되고 융합된다. 그러나 이처럼 자본을 극히 다양한 방식으로 이익을 낳도록 유용하기 쉬워진 것 자체가, 유산계급과 무산계급의 대립을 격화시킬 수밖에 없다."

(슐츠, 《생산의 운동》, 40, 41쪽)

주택 임대인은 빈곤으로부터 어마어마한 이익을 거두어들인다. 집세는 산업 부문의 빈곤에 반비례한다.

이와 마찬가지로 몰락한 프롤레타리아의 악습(성매매, 상습 음주, 전당포)으로부터도 이익을 얻는다.

자본들은 더욱 축적되고, 그들 간의 경쟁은 줄어든다. 이는 자본과 토지 소유가 한 사람의 손에 들어가기 때문이기도 하고, 자본이 그 규모를 통해 다양한 생산 부문을 조합할 수 있게 되기 때문이기도 하다.

사람에 대한 무심함. 스미스의 20장의 복권.[18] 세의 순수입과 총수입.

---

18   애덤 스미스에 따르면, "완벽하게 공정한 복권에서는 당첨자가 낙첨자들이 잃은 돈을 다 따야 한다. 한 명만 성공하고 스무 명이 실패하는 직업에서는 성공한 사람이 실패한 스무 명이 얻었어야 하는 것을 다 얻어야 한다."

3 ｛ 지대 ｝ ＊

|1| **지주의 권리**의 기원은 약탈이다. (세, 《정치경제학 논고》 I, 136쪽 주석) 모든 사람과 마찬가지로 지주도 씨 뿌리지 않은 곳에서 거두고 싶어 해서, 땅의 자연적 생산물에도 지대를 요구한다. (스미스, 《국부론》 I, 99쪽)

"지대는 소유자가 토지 개량에 이용한 자본에서 나오는 수익일 뿐이라고 생각할 수도 있다. (…) 지대가 부분적으로는 그런 경우도 있다. (…) 그러나 지주는 1) 개량되지 않은 땅에 대해서도 지대를 요구하며, 개량에 소요된 비용에서 나오는 이익이나 수익으로 여겨질 수 있는 것은 대개 이런 원초적 지대에 덧붙는 부가물 혹은 첨가물일 뿐이다. 2) 게다가 이런 개량은 항상 지주의 기금으로 이루어지진 않으며, 때로는 임차농의 기금으로 이루어진다. 그럼에도 지주는 임대차 계약을 갱

신할 때, 보통 이런 개량이 전부 자기 자금으로 이루어진 양 지대 인상을 요구한다. 3) 그뿐 아니라 그는 때로 인간의 손을 통한 일말의 개량도 결코 일어날 수 없는 것에 대해서조차 지대를 요구한다."(스미스, 《국부론》I, 300, 301쪽)

스미스는 후자의 사례로 염생식물(수송나물)을 든다.

"이 해초의 일종을 태우면 알칼리성 소금을 얻는데, 이것으로 유리나 비누 등을 만들 수 있다. 이 해초는 영국, 특히 스코틀랜드의 여러 곳에서 자라지만, 밀물과 썰물이 드나들며 하루 두 번 조수(만조)에 덮이는 바위에서만 자라며, 따라서 그 생산물은 결코 인간의 근면함에 의해 증식되지 않는다. 그럼에도 이런 종류의 식물이 자라는 토지의 지주는 곡물이 자라는 토지의 지주와 똑같이 지대를 요구한다. 셰틀랜드 제도 근해는 지극히 풍요롭다. 주민 대다수가 |Ⅱ| 어업으로 먹고 산다. 그런데 해산물에서 수익을 얻으려면 그 근처 땅에 거주해야 한다. 그래서 지대는 임차인이 땅에서 얻을 수 있는 것에 비례하지 않고, 땅과 바다 양쪽에서 얻을 수 있는 것에 비례한다."
(스미스, 《국부론》I, 301, 302쪽)

"우리는 지대를 소유자가 임차인이 사용하도록 빌려준 **자연의 힘**의 생산물로 여길 수 있다. 이 생산물은 그러한 자연의 힘의 크기에, 달리 말해 토지의 자연적이거나 인공적인 비옥도에 어느 정도 상응한다. 그것은 인간의 작업물로 여길 수 있는 것을 모두 공제 혹은 상쇄하고 남은 자연의 작업물이다."(스미스, 《국부론》 I, 377, 378쪽)

"**지대**를 토지 이용에 대해 지불하는 가격으로 여긴다면, 이는 응당히 **독점가격**이다. 그것은 결코 지주가 땅에 행한 개량이나 지주가 손해 보지 않으려면 받아야 할 것에 비례하지 않으며, 임차농이 손해 보지 않으면서 낼 수 있을 것에 비례한다."
(스미스, 《국부론》 I, 302쪽)

"생산의 세 계급 중에서 지주는 소득을 얻는 데 노동이나 근심이 불필요한, 이를테면 어떤 통찰이나 계획도 보태지 않으면서 저절로 소득을 얻는 계급이다."(스미스, 《국부론》 II, 161쪽)

우리는 이미 지대의 액수가 토지의 **비옥도**에 비례한다는 것을 살펴보았다.
　지대를 결정하는 또 다른 계기는 **위치**이다.

"지대는 그 생산물이 무엇이든 간에 토지 **비옥도**에 따라 달라지며, 그 비옥도가 어떻든 간에 토지 위치에 따라 달라진다."
(스미스, 《국부론》 I, 306쪽)

"경작지, 광산, 어장이 똑같이 비옥하면, 그 생산물은 경작이나 채굴에 사용한 자본이 얼마나 큰지에 비례하고, 또 자본을 |Ⅲ| 얼마나 적절하게 사용했는지에 비례한다. 자본 규모가 같고 똑같이 적절하게 사용했다면, 생산물은 경작지, 어장, 광산의 자연적 비옥도에 비례한다."(스미스, 《국부론》Ⅱ, 210쪽)

스미스의 이런 진술은 중요하다. 생산 비용이 같고 생산 규모도 같은 경우에, 지대를 토지의 비옥도로 환원하고 있기 때문이다. 따라서 국민경제학이 토지 비옥도를 지주의 특성으로 전환함으로써, 개념들을 전도시킨다는 것이 분명히 입증된다.

그러면 이제 지대가 현실의 유통에서 어떤 모습으로 나타나는지 살펴보자.

지대는 **임차농과 지주의 투쟁**으로 결정된다. 국민경제학은 이해관계의 적대적 대립, 투쟁, 전쟁이 사회적 조직화의 토대라고 곳곳에서 인정한다.

이제 지주와 임차농의 관계를 살펴보자.

"임대차계약 규정을 약정할 때, 지주는 가능하면 임차농에게 종자를 마련하고 노동에 대한 대가를 지급하며 동물이나 여타 도구를 구매하여 유지하고 그 지방에서 임대차한 다른 토지들에서 나오는 통상적 수익을 내는 데 필요한 자본을 보충

하기에 족한 정도 이상을 남겨주지 않으려 한다. 이는 분명 임차농이 손해를 보지 않고 만족할 수 있는 최소한의 몫이다. 지주가 임차농에게 그 이상을 남겨줄 생각을 하는 일은 드물다. 지주는 생산물 혹은 생산물의 가격에서 이러한 몫을 초과하는 부분은 무엇이든 모조리 자신이 지대로 가져가려 하는데, 이는 현재 토지 상태에서 임차농이 지불할 수 있는 최고 지대이다. |IV| 하지만 이런 잉여는 자연적 지대, 달리 말해 대부분의 토지가 자연스럽게 임대되는 지대로 여겨질 수 있다."(스미스,《국부론》I, 299, 300쪽)

세는 이렇게 말한다. "지주는 임차농에 대해 특정한 종류의 독점을 행사한다. 그의 상품, 즉 부지와 토양에 대한 수요는 끊임없이 늘어날 수 있다. 그러나 그들의 상품의 양은 일정 정도까지만 늘어난다. (…) 지주와 임차농의 거래는 항상 지주에게 최대한 유리하다. (…) 이처럼 지주는 사태의 본성상 이점을 가질 뿐 아니라, 자신의 지위, 더 많은 자산, 신용과 명망 때문에도 이점을 갖는다. 그러나 첫 번째 이점만 있어도, 즉 이미 부지와 토양의 유리한 상태**만으로도** 충분히 지주는 항시 이득을 볼 수 있다. 운하나 도로가 개통되거나 인구가 늘거나 어느 지방이 부유해지면, 항상 임대료가 올라간다. (…) 임차농 자신이 비용을 들여 토양을 개량할 수도 있지만, 이러한 자본에서 그가 이득을 얻는 것은 항상 임대차한 기간 동안뿐이고, 그 기간이 끝나면 그 이득은 지주에게 남는다. 그 순간부터는 여기에 경비를 지출하지 않은 지주가 이득을 얻는 것이다. 이제 여기에 비례하여 임대료가 올라가기 때문이다."(세, 《정치경제학 논고》 II, 142, 143쪽)

"따라서 지대를 토지 사용에 지불하는 가격으로 본다면, 지대는 자연스럽게 임차농이 부지와 토양의 현 상태에서 지불할 수 있는 최고 가격이다."(스미스, 《국부론》 I, 299쪽)

"그러므로 지상의 토지에 대한 지대는 대개 (…) 전체 생산물의 3분의 1에 이르고, 대개 수확물의 우연한 변동에 |V| 좌우되지 않는 고정 지대이다."(스미스, 《국부론》 I, 351쪽) "이런 지대가 전체 생산물의 4분의 1보다 낮은 경우는 드물다."(스미스, 《국부론》 II, 378쪽)

모든 상품에 대해 **지대**가 지불될 수는 없다. 예를 들어 많은 지역에서는 석재에 대한 지대가 지불되지 않는다.

"통상적으로는 토지 생산물만 시장에 내놓을 수 있다. 이렇게 시장에 나가는 토지 생산물의 통상 가격은, 그것을 운송하는 데 필요한 자본과 이 자본의 통상 수익을 상쇄하는 데 충분한 정도로 책정된다. 통상 가격이 이를 위해 충분한 정도를 초과한다면, 그 잉여는 당연히 지대로 들어간다. 통상 가격이 이를 위해 충분한 정도에만 그친다면, 상품을 시장에 내놓을 수는 있지만 지주에게 지대를 지불하는 데에는 충분하지 않다. 가격이 이 충분한 정도를 초과하는가, 초과하지 않는가? 이것은 수요에 달려 있다."(스미스, 《국부론》 I, 302, 303쪽)

"지대는 노동임금이나 자본이윤과는 아주 **다른 방식**으로 **상품가격** 구성에 들어간다. **봉급과 이윤**이 **높거나 낮은 정도**는 상품가격이 높거나 낮은 **원인**이다. 지대가 높거나 낮은 정도는 가격의 **결과**이다."(스미스, 《국부론》 I, 303, 304쪽)

식량은 으레 **지대**를 산출하는 **생산물**이다.

"동물이 다 그렇듯이 인간도 생존수단에 비례하여 늘어나므로, 식량에 대한 수요는 많건 적건 항상 있다. 식량으로는 늘 노동을 많든 적든 |VI| 살 수 있고, 식량을 얻기 위해 무언가 하려는 인간은 언제나 찾을 수 있다. 물론 식량이 가장 경제적으로 배분된다면, 때때로 높은 봉급이 지급되기 때문에, 식량으로 살 수 있는 노동이 그 식량으로 생존을 유지할 수 있는 노동과 **같지** 않을 수도 있다. 하지만 식량으로 그 나라에서 이런 종류의 노동이 받는 통상 임금률에 따라 생존 유지가 가능할 만큼의 노동은 늘 살 수 있다. 거의 모든 가능한 상황에서,

토지는 이 식량을 시장에 내놓는 데 이바지하는 모든 노동이 유지되는 데 필요한 것보다 많은 식량을 생산한다. 이러한 식량의 잉여는 언제나 이 노동을 동원하는 자본과 그에 덧붙는 이윤을 상쇄하는 데 충분한 양보다 많다. 그래서 언제나 지주에게 지대를 주기 위한 것이 어느 정도 남는다." (스미스,《국부론》I, 305, 306쪽) "지대의 1차적 원천은 식량이다. 또한 그뿐 아니라 토지 생산물의 다른 부분이 지대를 산출하는 경우라도, 지대에 이런 가치가 추가되는 것은 땅을 경작하고 개량함으로써 식량을 생산하는 노동의 힘이 성장한 덕분이다." (스미스,《국부론》I, 345쪽) "따라서 인간의 식량은 언제나 지대를 지급하는 데 충분하다." (스미스,《국부론》I, 337쪽) "나라의 인구는 생산물이 옷을 입히고 거주할 집을 줄 수 있는 사람 수가 아니라, 생산물이 먹여 살릴 수 있는 사람 수에 비례한다." (스미스,《국부론》I, 342쪽)

"사람의 욕구 중 식량 다음으로 큰 두 가지는 옷, 집, 난방[19]이다. 이것들은 대개 지대를 산출하지만, 반드시 늘 그렇진 않다." (스미스,《국부론》I, 338쪽)

---

19 《국부론》원문에는 "clothing and lodging (옷과 집)"이라고 두 가지를 나열하지만,《경제학 - 철학 수고》의 인용문에서는 "Kleidung, Logis, Heizung (옷, 집, 난방)"이라고 세 가지를 나열한다.

|Ⅷ| 이제 지주가 어떻게 사회의 온갖 이익을 착취하는지 살펴보자.

1) "인구가 늘면 지대도 오른다"(스미스, 《국부론》 I, 133쪽).

2) 이미 살펴보았듯이, 세는 철도 등에 의해, 그리고 통신수단의 개량과 안정과 확대에 의해 지대도 오른다고 말한다.

3) "사회 상태가 나아지면 언제나 **직접적으로**나 **간접적으로** 지대가 오르고, 〔토지〕 소유주의 실질적 부, 즉 타인의 노동이나 생산물을 사는 소유주의 힘도 커지는 경향이 있다. (…) 점차 경작지가 개량되고 경작 방식이 개선되면, 이런 경향이 직접적으로 나타난다. 생산물이 늘어나면, 생산물 중 소유주의 몫도 필연적으로 늘어난다. (…) 이런 종류의 원료의 실질 가격이 상승하는 경우, 예컨대 가축 가격이 상승하는 경우에도 직접적으로 지대가 오르는, 그것도 훨씬 큰 비율로 오르는 경향이 있다. 생산물의 실질적 가치가 커질수록, 지주 몫의 실질적 가치, 즉 이 몫이 지주에게 부여하는 타인의 노동에 대한 실질적 권력이 커질 뿐 아니라, 전체 생산물에 비례하는 이 몫의 크기도 커진다. 이 생산물의 실질 가격이 상승하더라도, 이를 공급하기 위한 혹은 사용된 자본과 그 자본의 통상 수익을 보충하기 위한 노동이 더 많이 필요하진 않다. 따라서 전체 생산물에서 지주가 소유하게 되는 생산물의 나머지 부분이 차지하는 비율은 이전보다 훨씬 커진다."(스미스, 《국부론》 Ⅱ,

157~159쪽)

|IX| 원료품에 대한 수요가 많아짐에 따라 그 가치가 높아지는 것은, 어느 정도는 인구가 늘고 그 인구의 욕구가 늘기 때문일 수 있다. 그러나 새로운 발명이 이루어지거나 제조업에서 이제까지 전혀 혹은 거의 사용하지 않던 원료가 새롭게 사용되어도, 늘 지대가 오른다. 가령 철도나 증기선 등이 생기면, 탄광의 지대는 어마어마하게 상승한다.

이어서 지주가 제조업, 발견, 노동에서 끌어내는 이런 이익 외의 또 다른 이익을 살펴보자.

> 4) "어떤 종류의 노동 생산성 개선은 직접적으로 공산품의 실질 가격을 낮추지만, 간접적으로는 실질 지대를 높이는 경향이 있다. 즉 지주는 자기가 개인적으로 소비하는 양을 초과하는 원료 부분 혹은 이 부분의 가격을 공산품과 교환한다. 공산품의 실질 가격을 낮추는 모든 것이 원료품의 실질 가격을 높인다. 같은 양의 원료품이 이제 더 많은 양의 공산품에 상응하고, 지주는 편의품, 장식품, 사치품을 더 많이 장만할 능력을 갖추게 된다." (스미스, 《국부론》 II, 159쪽)

356

그러나 스미스가 지주는 사회의 온갖 이익을 착취한다는 사실로부터 |X| 이제 지주의 이해관계가 항상 사회의 이해관계와 같다

고 추론한다면(스미스, 《국부론》 II, 161쪽), 그것은 어리석은 일이다. 사유재산이 지배하는 국민경제에서, 사회에 대한 한 사람의 이해관계는 그 사람에 대한 사회의 이해관계와 정확히 반비례한다. 이는 낭비벽 있는 사람에 대한 고리대금업자의 이해관계가 낭비벽 있는 사람의 이해관계와 결코 같지 않은 것과 마찬가지이다.

우리는 타국의 토지 재산에 대항하는 지주의 독점욕에 대해서는 지나가는 말로만 언급할 텐데, 가령 곡물법[20]은 여기에서 유래한다. 이와 마찬가지로 여기에서는 중세의 농노제, 식민지의 노예제, 영국의 농민과 농업 날품팔이의 빈곤도 그냥 지나가겠다. 우리는 국민경제학 자체가 진술하는 명제만 고찰하고자 한다.

1) 국민경제학의 기본 명제에 따르면, 지주가 사회의 복지에 이해관계를 갖는다는 것은, 사회의 인구 증가, 인위적 생산 확대, 욕구 증대, 한마디로 부의 증대에 이해관계가 있다는 의미이다. 이제까지 우리의 고찰에 따르면, 이런 부의 증대는 빈곤의 심화 및 노예제의 강화와 같은 것이다. 빈곤 심화와 집세 상승이 더불어 일어나는 관계도 지주가 사회에 이해관계를 갖는 사례이다. 집세와 함께 지대, 즉 집이 세워지는 대지垈地의 이자도 오르기 때문이다.

---

[20] 1815년에서 1846년 사이에 영국에서 시행된 외국 곡물 수입관세를 가리킨다. 당대에 외국 곡물 수입은 저곡가 유지를 통해 저임금을 유지하려는 산업 자본가의 이해관계와는 일치하지만, 독점을 유지하려는 지주의 이해관계와는 충돌했기 때문에, 격렬한 논란의 대상이 되었다.

2) 국민경제학자 자신조차 지주의 이해관계가 임차농의 이해관계와 적대적으로 대립하며, 따라서 이미 사회를 이루는 주요 부분의 이해관계와 적대적으로 대립하고 있다고 본다.

|XI| 3) 임차농이〔농업 노동자에게〕노동임금을 덜 지불할수록 지주는 임차농에게 지대를 더 요구할 수 있으므로, 그리고 지주가 지대를 더 요구할수록 임차농은 노동임금을 더 억제하므로, 지주의 이해관계는 농업 노동자의 이해관계에 적대적이다. 이는 제조공장 소유주의 이해관계가 그가 고용하는 노동자의 이해관계에 적대적인 것과 마찬가지이다. 그도 노동임금을 최소한으로 억제한다.

4) 공산품 가격의 실질적 억제가 지대를 높이기 때문에, 지주는 제조공장 노동자 노동임금의 억제, 자본가 간의 경쟁, 과잉생산, 전체 제조업의 침체에 직접적 이해관계를 가진다.

5) 따라서 사회의 이해관계와 조금도 일치하지 않는 지주의 이해관계는 임차농, 농업 노동자, 제조업 노동자, 자본가의 이해관계와 적대적으로 대립한다. 그리고 한 지주의 이해관계도 다른 지주의 이해관계와 일치하지 않는다. 우리가 이제 살펴보려는 경쟁 때문이다.

일반적으로 대토지 재산과 영세토지 재산의 관계도 이미 대자본과 영세자본의 관계와 같다. 그러나 여기에 무조건 대토지 재산이 축적되고, 대토지 재산이 영세토지 재산을 병합하도록 이끄는 특수한 상황 또한 더해진다.

|XII| 1) 토지 소유에서만큼 기금이 커지는 데에 비례하여 노동자와 도구의 수가 줄어드는 경우는 어디에도 없다. 또한 토지 소유에서만큼 기금이 커질수록 전면적 착취가 일어나고 생산 비용이 절감되며 숙련된 분업이 증가하는 경우도 없다. 전답이 아무리 작더라도, 그 전답에 필요한 쟁기나 톱 등의 노동 도구는 더 줄어들 수 없는 어떤 한계에 봉착한다. 반면에 토지 소유의 최소치에는 이런 한계가 없다.

2) 대토지 소유는 부지와 토양 개량에 사용한 임차농 자본의 이익을 축적한다. 영세토지 소유는 자기 자본을 사용해야 한다. 그래서 그는 이런 이윤을 전혀 얻지 못한다.

3) 모든 사회적 개선은 대토지 소유에 이롭지만, 영세토지 소유에는 해롭다. 이런 개선 때문에, 영세토지 소유에 현금이 점점 더 필요해지기 때문이다.

4) 이런 경쟁에 있어 중요한 두 가지 법칙도 고찰해야 한다.

α) 인간의 식량을 생산하는 경작지의 지대가 여타 대다수 경작지의 지대를 규정한다. (스미스, 《국부론》I, 331쪽)

결국 가축 등과 같은 식량은 대토지 소유만 생산할 수 있다. 따라서 이는 나머지 땅들의 지대를 결정하고, 이를 최소한도로 억제할 수 있다.

따라서 스스로 노동하는 영세지주와 대지주의 관계는, **자신의**

도구를 소유한 수공업자와 공장주의 관계와 같다. 영세토지 소유는 한낱 노동 도구가 된다. |XVI| 영세지주에게는 지대가 완전히 사라지고, 기껏해야 자기 자본의 이자와 자신의 노동임금만 남는다. 경쟁으로 인하여, 지대가 결국 그가 투여하지 않는 자본에 대한 이자에 불과할 정도로 떨어질 수 있기 때문이다.

 β) 또한 우리는 경작지, 광산, 어장이 똑같이 비옥하고 똑같이 적절하게 개발되었다면, 생산물이 자본 규모에 비례한다는 것을 이미 살펴보았다. 그러므로 대지주가 승리를 거둔다. 이와 마찬가지로 자본이 같다면, 생산물은 비옥도에 비례한다. 그러니까 자본이 같으면, 더 비옥한 토양을 소유한 지주가 승리한다.

 γ) "일반적으로 어떤 광산에서 특정 양의 노동으로 캐낼 수 있는 광물 양이 동일 유형의 다른 대다수 광산에서 같은 양의 노동으로 캐낼 수 있는 광물 양보다 많은지 적은지에 따라, 그 광산이 풍부하거나 풍부하지 않다고 말할 수 있다." (스미스, 《국부론》 I, 345, 346쪽) "가장 풍요로운 광산의 석탄 가격이 인근의 다른 모든 광산의 석탄 가격을 규정한다. 지주와 기업가는 둘 다 이웃보다 물건을 더 싸게 팔아야, 지주는 더 높은 지대를, 기업가는 더 높은 이윤을 얻을 수 있다는 것을 안다. 그 이웃은 이제 이와 같은 가격에 팔도록 강요받는다. 그 이웃이 그럴 처지가 아니더라도, 그 가격이 점점 낮아지더라도, 때때로 지대와 이윤을 전혀 얻지 못하더라도 말이다. 그렇게 되

> 면 몇몇 채굴지는 완전히 버려지고, 또 다른 채굴지는 이제 지대를 받지 못하고 단지 지주 자신이 계속 운영할 수 있을 뿐이다."(스미스,《국부론》I, 350쪽) "페루에서 광산이 발견된 후에, 유럽의 대다수 은광은 버려졌다. (…) 이런 일은 포토시에서 광산이 발견된 이후에, 쿠바와 산토도밍고의 광산은 물론 심지어 페루의 오래된 광산에서도 일어났다."(스미스,《국부론》I, 353쪽)

여기에서 스미스가 광산에 대해 말하는 바로 그런 일이 어느 정도는 일반적으로 토지 소유에도 적용된다.

> δ) "토지의 현행 가격이 항상 현행 이자율에 달려 있다는 점을 유념해야 한다. (…) 지대가 금리보다 훨씬 낮아지면 아무도 토지를 사려 하지 않을 것이고, 이는 곧바로 다시 토지의 현행 가격을 낮출 것이다. 이와 반대로 지대에서 나오는 이익이 금리를 상쇄하고도 남는다면 모두가 땅을 사려 할 것이고, 이는 마찬가지로 곧바로 다시 토지의 현행 가격을 높일 것이다."
> (스미스,《국부론》II, 367, 368쪽)

지대와 금리의 이런 관계에서 도출되는 사실은, 지대는 점점 떨어질 수밖에 없고, 그래서 마침내 최상위 부자들만 지대로 살아갈 수 있다는 것이다. 그러니까 임대를 주지 않는 지주 간의 경쟁이 점점 증대되고, 그중 일부는 몰락한다. 다시 한 번 대토지 재산이 축적된다.

|XVII| 나아가 이런 경쟁의 결과로 대부분의 토지 재산이 자본가 수중에 떨어져서 자본가는 동시에 지주가 되는데, 이는 일반적으로 영세지주가 이미 단지 자본가일 뿐인 것과 마찬가지이다. 이와 마찬가지로 대토지를 소유한 일부는 동시에 산업가가 된다.

그러니까 최후의 결과는 자본가와 지주의 구별이 사라지고, 전체적으로 인구에 두 계급, 즉 노동자계급과 자본가계급만 남는 것이다. 이러한 토지 재산의 거래, 토지 재산의 상품으로의 전화 轉化는 낡은 귀족제의 최종적 붕괴이자 금권 귀족제의 최종적 완성이다.

1) 낭만주의가 이에 대해 흘리는 감상적 눈물에 우리는 공감하지 않는다. 낭만주의는 항상 **토지 거래**에서 나타나는 파렴치함을, 토지라는 **사유재산 거래**에 내포된 전적으로 합리적인 귀결, 즉 사유재산에서 나오는 필연적이고 바람직한 귀결과 혼동한다. 첫째로 봉건적 토지 재산도 이미 그 본질상 거래되는 땅이며, 인간에게 소외된 땅, 따라서 몇몇 소수의 대영주라는 모습으로 인간에게 대립하는 땅이다.

봉건적 토지 소유에서도 이미 토지는 낯선 힘으로서 인간을 지배한다. 농노는 토지의 부속물이다. 이와 마찬가지로 상속받은 영주인 장자도 토지에 속한다. 토지가 그를 물려받는다. 일반적으로 사유재산의 지배는 토지 소유와 함께 시작되며, 토지 소유는 사유재산의 토대이다. 그러나 봉건적 토지 소유에서는 적어도 주인이 그 땅의 군주로서 **나타난다**. 이와 마찬가지로 소유자가 한낱 **물적인** 부와 맺는 관계보다 땅과 더 내밀한 관계를 맺는다는 가상이 여전히 존재한다. 토지는 그 주인과 더불어 개인화되고, 나름의 지위를 지니며, 그 주인과 더불어 남작령 혹은 백작령이 되고, 나름의 특권·재판관할권·정치적 관계 등을 지닌다. 토지는 주인의 비유기적 신체로 나타난다. 따라서 '임자 없는 땅은 없다'는 격언은 지배권과 토지 소유의 결합을 표현한다. 이와 마찬가지로 토지 재산의 지배가 곧바로 한낱 자본의 지배로 나타나지는 않는다. 그 토지에 속한 사람들은 조국과 관계하듯 토지와도 관계한다. 그것은 국적의 축소판이다.

|XVIII| 왕국이 왕에게 이름을 부여하듯이, 봉건적 토지 재산은 영주에게 이름을 부여한다. 그의 가족사와 가문의 역사 등은 모두 그를 위해 그의 소유지를 개인화하고, 실로 그 소유지를 곧 그의 가문이자 하나의 인격으로 만든다. 이와 마찬가지로 영지를 일구는 사람들은 **날품팔이** 처지가 아니다. 이들은 부분적으로는 농노 같은 영주의 재산이고, 부분적으로는 영주에게 공경, 충성, 의무를 다하는 관계를 맺는다. 따라서 이들에 대한 영주의 지위는 직접적으로 정치적이며, 또한 **정서적** 측면도 지닌다. 한 영지에서 다른 영지로 넘어가면 관습이나 성격 등도 바뀌며, 이것들은 그 구획된 토지와 일체를 이루는 듯 보인다. 그러나 결국 인간을 토지와 한데 묶는 것은 인간의 성격이나 개성이 아니라, 인간의 돈

주머니일 뿐이다. 마지막으로 영주는 자신의 영지에서 최대한의 이득을 끌어내려 하지 않는다. 오히려 영주는 거기 있는 것을 소비할 뿐, 이를 수확하기 위한 걱정은 마음 편히 농노와 임차농에게 맡겨버린다. 토지 소유와 맺는 이런 **귀족적** 관계가 영주에게 낭만적 영광을 선사한다.

필요한 일은 이러한 가상을 지양하는 것, 사유재산의 뿌리인 토지 재산이 완전히 사유재산의 운동에 휩쓸려 들어가 상품이 되는 것, 소유자의 지배가 온갖 정치적 색조가 지워진 채 사유재산과 자본의 순전한 지배로 나타나는 것, 소유자와 노동자의 관계가 착취자와 피착취자의 국민경제적 관계로 환원되는 것, 소유자와 그 재산 간의 인격적 관계가 모두 사라지고 그 재산이 단지 **물적이고** 물질적인 부가 되는 것, 명예를 위해서가 아니라 이익을 위해 토지와 혼인하게 되고 토지가 인간과 마찬가지로 거래되는 가치로 전락하는 것이다. 토지 재산의 뿌리인 더러운 이기심이 그 파렴치한 형태로 나타나는 것도 필요하다. 안정된 독점이 유동적이고 불안정한 독점과 경쟁으로 뒤집히고, 다른 사람의 피땀으로 누리는 무위도식이 그들과의 부산한 거래로 뒤집히는 것이 필요하다. 마지막으로 이런 경쟁에서 토지 재산이 자본의 형태로서 노동자계급을 지배하며, 또한 자본 운동의 법칙이 소유자를 몰락시키거나 성공시킴으로써 소유자 자신도 지배한다는 점을 드러내는 것이 필요하다. 따라서 이를 통해 '임자 없는 땅은 없다'는 중세의 격언을, '돈에는 임자가 없다'는 근대의 격언이 대체한다. 이 말은 죽은 물질이 인간을 오롯이 지배한다는 표현이다.

|XIX| 2) 토지 소유를 분할하거나 분할하지 않는 것을 둘러싼 논쟁과 관련해서 다음 사항을 유념해야 한다.

토지 소유의 분할은 토지 재산의 **거대한 독점**을 부정하고 지양하지만, 이는 단지 이러한 독점을 **일반화**함으로써 이루어진다. 분할은 독점의 토대인 사유재산은 지양하지 않는다. 그것은 독점의 존재를 공격하지만, 그 본질을 공격하지는 않는다. 그 결과 그것은 사유재산의 법칙에 희생된다. 따라서 토지 소유 분할은 산업 부문에서의 경쟁 운동에 상응한다. 이러한 수단 및 노동의 분할(이는 분업과는 분명히 구별해야 한다. 여기에서는 노동이 여러 노동으로 나뉘지 않는다. 모두가 똑같은 노동을 독자적으로 행하므로, 똑같은 노동이 여럿 있게 되는 것이다)은 국민경제적으로 손해일뿐더러, 이 분할은 저 경쟁과 마찬가지로 필연적으로 다시 축적으로 전환된다.

따라서 토지 소유 분할이 일어나는 곳에서는 더욱 추악한 형태의 독점으로 돌아가거나, 아니면 토지 소유 분할 자체를 부정하고 지양하는 수밖에 없다. 그러나 이것은 봉건적 소유로의 귀환이 아니라, 부지와 토양에 있어서 사유재산 일반의 지양이다. 독점에 대한 최초의 지양은 언제나 독점을 일반화하고 그 존재를 확대한다. 가능한 한 가장 광범위하고 포괄적으로 존재하게 된 독점에 대한 지양은, 곧 독점의 완전한 소멸이다. 부지와 토양에 대해 성립되는 조합은 국민경제학적 관점에서 본 대토지 소유의 이익을 공유하고, 근원적인 분할 성향, 즉 평등을 비로소 실현한다. 이런 조합은 인간이 토지와 맺는 정서적 관계를 더 이상 농노제, 지배, 소유에 대한 우둔한 신비주의를 거치지 않는 합리적인 방식으로 산출한다. 왜냐하면 토지가 이제 거래 대상이 아니라, 자유로운 노동과 자유로운 향유를 통해 다시 인간의 참되고 인격적인 재산이 되기 때문이다. 토지 분할의 커다란 이점은 대중이 산업에서와는 다른 방식으로 재산에 의해 몰락하는데, 이런 대중은 더 이상 예속을 받아들이지 못한다는 것이다.

　대토지 소유에 대한 옹호자들은 늘 대규모 농업의 국민경제적 이점을 대토지 재산과 동일시하는 궤변을 늘어놓았다. 그러나 이런 이점을 |XX| 최대한 확대하고 사회적으로 유용하게 만들려면, 바로 재산을 지양해야 한다. 이와 마찬가지로 이 옹호자들은 영세토지 소유가 지닌 〔땅을〕 거래하고자 하는 성향을 공격했다. 그러나 대토지 소유 자체는 그 봉건적 형태에서도 이미 거래를 잠재적으로 내포한다. 지주의 봉건성과 임차농의 산업적 거래를 결합한 근대 잉글랜드의 형태는 말할 것도 없이 그렇다.

　토지 소유 분할은 대토지 재산이 독점이라고 비난하지만, 대토지 재산은 이런 비난을 토지 소유 분할에게 돌려줄 수 있다. 분할 역시 사유재산의 독점에 기초하기 때문이다. 또한 대토지 소유는 토지 소유 분할을 비난하지만, 토지 소유 분할은 이런 비난을 대토지 재산에게 돌려줄 수 있다. 대토지 소유에서도 보다 경직되고 고정된 형태이기는 하지만 분할이 우세하기 때문이다. 일반적으로 사유재산은 분할에 토대를 둔다.

게다가 토지 소유 분할이 자본의 부로서의 대토지 소유로 돌아가듯, 봉건적 토지 재산은 어떤 우여곡절을 겪든 필연적으로 분할로 나아가거나 적어도 자본가들의 수중에 떨어질 수밖에 없다.

왜냐하면 잉글랜드에서 그랬듯, 대토지 재산은 인구의 압도적 다수를 공업의 손아귀로 밀어 넣고, 대토지에서 일하는 노동자를 끔찍한 빈곤에 빠뜨리기 때문이다. 그러니까 대토지 재산은 가난한 사람들과 나라의 활동 전체를 다른 편으로 던져버리기 때문에, 자신의 적인 자본과 공업의 힘을 만들어내고 키운다. 대토지 재산은 나라의 대다수 사람을 공업에 종사하게 하여, 대토지 재산의 적으로 만든다. 현재의 잉글랜드에서처럼 공업이 큰 권력을 차지하면, 이제 공업은 대토지 재산이 지닌 외국에 맞서는 독점을 점차 빼앗고, 그것을 외국의 토지 소유와 경쟁하도록 몰아넣는다. 그러므로 공업의 지배 아래에서 토지 재산은 오직 외국에 맞서는 독점을 통해서만 봉건적 규모를 유지할 수 있다. 그래야만 자신의 봉건적 본질과 모순되는 상업의 일반 법칙으로부터 자신을 지킬 수 있는 것이다. 토지 재산도 한번 경쟁에 던져지면, 그에 굴복한 다른 모든 상품처럼 경쟁의 법칙을 따르게 된다. 그러면 토지 재산은 변동하고, 줄기도 하고 늘기도 하며, 누군가의 수중에서 다른 사람의 수중으로 이동한다. 토지 재산을 예정된 소수의 수중에 머물게 하는 법칙 따위는 없다. |XXI| 이로 인한 직접적 결과는 토지 재산이 허다한 사람의 수중으로 분산되고, 어쨌든 산업자본의 힘에 귀속되는 것이다.

마침내 그토록 폭력적으로 유지되어왔고 그 곁에 무시무시한 공업을 산출한 대토지 소유는, 공업의 힘이 그 곁에서는 여전히 두 번째 지위에 머무는 토지 소유 분할보다 빠르게 위기에 봉착한다.
　잉글랜드에서 볼 수 있듯, 대토지 소유는 최대한 큰돈을 벌고자 하는 한, 이미 봉건적 성격을 벗어던지고 산업적 성격을 입게 된다. 그것은 지주에게 최대한의 지대를, 임차농에게 그 자본으로부터 최대한의 이윤을 준다. 그래서 농업 노동자는 벌써 최소한으로 축소되었고, 이미 임차농 계급은 토지 소유 내에서 산업과 자본의 힘을 대표한다. 외국과의 경쟁 때문에, 지대는 대부분 독자적 소득을 낳을 수 없게 되었다. 상당수 지주는 임차농의 자리를 차지하고, 이런 식으로 쫓겨난 일부 임차농은 프롤레타리아트로 전락한다. 다른 한편 수많은 임차농이 토지 재산을 차지할 것이다. 왜냐하면 편하게 소득을 얻기 때문에 대부분 낭비에 빠지고 대규모 농업 운영에도 쓸모없는 대지주는, 부지와 토양을 개발할 자본도 능력도 없기 때문이다. 그래서 대지주 일부는 완전히 몰락한다. 마지막에는 새로운 경쟁에서 살아남기 위해 최소한으로 축소한 노동임금마저 더 축소해야 한다. 그러면 이는 필연적으로 혁명을 유발한다.

363

　산업이 독점 형태와 경쟁 형태 속에서 어김없이 몰락할 수밖에 없듯이, 토지 재산도 이러한 두 가지 방식 중 어느 쪽으로 전개되든 필연적으로 이러한 몰락을 겪을 수밖에 없다. 그리고 이를 통해 인간을 믿는 법을 배우게 될 것이다.

4 { 소외된 노동 } ✳

|XXII| 우리는 국민경제학의 전제들에서 시작했다. 우리는 국민경제학의 언어와 법칙들을 받아들였다. 우리는 사유재산을, 노동과 자본과 토지의 분리는 물론 노동임금과 자본이윤과 지대의 분리까지, 그리고 분업, 경쟁, 교환가치 개념 등도 전제했다. 우리는 국민경제학 자체로부터 출발하여 국민경제학 자체의 용어를 사용하면서, 노동자가 상품으로, 그것도 가장 비참한 상품으로 전락한다는 것, 노동자의 빈곤이 그의 생산의 힘과 크기에 반비례한다는 것, 경쟁의 필연적 결과로 자본이 소수의 수중에 축적되고 그로 인해 독점이 더욱 끔찍하게 다시 산출된다는 것, 마지막으로 자본가와 지주의 구별이나 경작자와 공장 노동자의 구별이 사라지고 전체 사회가 **유산자**와 무산 **노동자**라는 두 계급으로 나뉠 수밖에 없다는 것을 보여주었다.

국민경제학은 사유재산이라는 사실에서 시작한다. 하지만 국

민경제학은 우리에게 이 사실에 관해 해명해주지는 않는다. 국민경제학은 사유재산이 현실에서 거치는 **물질적** 과정을 일반적이고 추상적인 공식으로 포착한 뒤, 이런 공식을 **법칙**으로 간주한다. 하지만 국민경제학은 이런 법칙을 **이해**하지 못한다. 즉 어떻게 사유재산의 본질로부터 이런 법칙이 나오는지를 보여주지 않는 것이다. 국민경제학은 우리에게 노동과 자본이 분리되고 자본과 토지가 분리되는 근거에 대하여 어떠한 해명도 제시하지 않는다. 예컨대 국민경제학은 노동임금과 자본이윤의 관계를 규정하면서, 그 최종 근거로 자본가의 이익을 제시한다. 다시 말해 국민경제학은 자신이 해명해야 할 것을 앞서 전제하는 것이다. 이와 마찬가지로 경쟁은 어디에서나 나타난다. 그런 경쟁은 외부 상황들을 통해 설명된다. 이런 외부적이고 언뜻 보기에는 우연적인 상황들이 어떤 필연적인 전개의 표현일 뿐이라는 것에 대하여, 국민경제학은 아무것도 알려주지 않는다. 우리는 국민경제학에서 교환 자체가 우연적 사실로 나타난다는 것을 보았다. 국민경제학자가 굴리는 유일한 바퀴는 **소유욕**, 그리고 **소유욕을 가진 자들 간의 전쟁, 즉 경쟁**이다.

 국민경제학은 운동의 연관을 이해하지 못한다. 바로 그런 까닭에, 예를 들어 경쟁 이론은 독점 이론에 대립하고, 영업의 자유 이론은 직업단체 이론에 대립하며, 토지 소유 분할 이론은 대토지재산 이론에 대립할 수 있었다. 경쟁, 영업의 자유, 토지 소유 분할을 독점, 직업단체, 봉건적 재산의 필연적이고 불가피하며 자연적인 귀결이 아니라, 그저 우연적이고 의도적이며 폭력적인 귀결이라고 해명하고 이해하기 때문이다.

그러므로 이제 우리는 사유재산, 소유욕, 노동과 자본과 토지 재산의 분리, 교환과 경쟁, 인간의 가치와 그 평가절하, 독점과 경쟁 등의 이 모든 소외와 **화폐 체계** 간의 본질적인 연관을 이해해야 한다.

우리는 국민경제학자가 설명할 때처럼 어떤 허구적인 원시 상태를 상정하지 않아야 한다. 그런 원시 상태는 아무것도 설명해주지 않는다. 국민경제학자는 물음을 그저 회색의 뿌연 먼 곳으로 밀어내버린다. 그는 자신이 연역해내야 할 것, 즉 분업과 교환 간의 관계 같은 두 사물 간의 필연적 관계를 사실이나 사건이라는 형식으로 전제한다. 이것은 신학자가 악의 기원을 원죄로 설명하는 방식이다. 즉 자신이 설명해야 할 것을 역사라는 형식으로 사실이라 전제하는 것이다.

우리는 국민경제의 **현재 존재하는** 사실에서 출발한다.

노동자는 부를 많이 생산할수록, 자신의 생산이 지닌 힘과 범위가 커질수록, 가난해진다. 노동자가 상품을 많이 창출할수록, 노동자 자신은 값싼 상품이 된다. 사물 세계의 **가치가 커지는 데** 직접적으로 비례하여, 인간 세계의 **가치는 작아진다**. 노동은 상품만 생산하는 것이 아니다. 노동은 노동 자체와 노동자를 **상품**으로 생산하는데, 이는 일반적으로 상품 생산에 비례하여 이루어진다.

이런 사실은 다음을 표현할 따름이다. 노동이 생산하는 대상,

즉 노동 생산물은 노동에게 **낯선 존재**이자 생산자로부터 **자립적인 힘**으로서 노동에 대립한다. 노동 생산물은 노동이 대상에 고정되어 물질화된 것, 즉 노동의 **대상화**이다. 노동의 현실화는 노동의 대상화이다. 이런 노동의 현실화는 국민경제적 상황에서는 노동자의 탈현실화로 나타나고, 대상화는 **대상의 상실**이자 **대상에 대한 예속**으로 나타나며, 전유는 **소외**이자 **외화**로 나타난다.

노동의 현실화는 너무 심하게 탈현실화로 나타나서, 노동자는 굶어 죽을 지경까지 탈현실화된다. 대상화는 너무 심하게 대상의 상실로 나타나서, 노동자는 생활에 필수적인 대상뿐만 아니라 노동에 필수적인 대상까지 빼앗긴다. 실제로 노동 자체가 하나의 대상이 되어, 노동자는 그것을 엄청나게 아등바등해야 얻을 수 있고, 그마저도 극히 불규칙하게 중단되곤 한다. 대상의 전유는 너무 심하게 소외로 나타나기 때문에, 노동자는 대상을 더 생산할수록 덜 소유하게 되고, 자신의 생산물 즉 자본의 지배를 더 받게 된다.

이 모든 결과는 노동자가 **자기 노동의 생산물**을 **낯선** 대상으로 대한다는 규정에 담겨 있다. 이러한 전제에 따르면 다음 사실이 명백해지기 때문이다. 노동자가 더 많이 일할수록, 그가 자신의 대척점에 창조한 낯선 대상 세계는 더 강해지고, 노동자 자신과 그의 내적 세계는 더 가난해지며, 노동자 자신이 소유하는 것도 적어진다. 종교도 그렇다. 인간은 신에게 더 많이 바칠수록, 자신은 덜 가지게 된다. 노동자는 자신의 삶을 대상에 불어넣는다.

그러나 이제 그 삶은 노동자가 아니라 대상에 속한다. 그러니까 이런 활동이 활발할수록, 노동자는 대상을 더 잃는다. 그의 노동 생산물이 무엇이든, 그것은 그 노동자가 아니다. 따라서 생산물이 커질수록, 노동자 자신은 작아진다. 노동자가 자신의 생산물로부터 **외화**된다는 것은 그의 노동이 하나의 대상, 어떤 **외적** 존재가 된다는 뜻일 뿐 아니라, 그의 노동이 그 **노동자 외부에서** 그에게 자립적이고 낯선 것으로 존재한다는 뜻이자 그에게 맞서는 자립적인 힘이 된다는 뜻이며, 그가 대상에 불어넣은 삶이 그에게 맞서는 적대적이고 낯선 것으로 등장한다는 뜻이다.

|XXIII| 이제 **대상화**, 노동자의 생산과 그 속에서의 **소외**, 대상 즉 그의 생산물의 **상실**을 자세히 살펴보자.

노동자는 **자연** 없이는, **감각적 외부세계** 없이는 아무것도 창조할 수 없다. 그것은 노동자의 노동이 현실화되고, 활동하며, 그것으로부터 그리고 그것과 더불어 생산이 이루어지는 질료이다.

자연은 노동의 **생활수단**을 제공하는데, 이는 노동이 그 자신이 다루는 대상들 없이는 **생활**할 수 없다는 뜻이다. 그러나 다른 한편 자연은 좁은 의미에서의 **생활수단**, 즉 **노동자** 자신의 신체적 생존을 위한 수단도 제공한다.

따라서 노동자는 외부세계, 즉 감각적 자연을 자기 노동을 통해 **전유**하면 할수록, 두 가지 의미에서 **생활수단**을 박탈당한다. 첫째, 감각적 외부세계는 점차 그의 노동에 속하는 대상, 즉 그의 노동의 **생활수단**이 아니게 된다. 둘째, 감각적 외부세계는 점차 직접적 의미에서의 **생활수단**, 즉 노동자의 신체적 생존을 위한 수단이 아니게 된다.

그러므로 이러한 두 가지 의미에서, 노동자는 그의 대상의 노예가 된다. 그는 첫째로 **노동 대상** 즉 **노동**을 얻으며, 둘째로 **생활수단**을 얻는다. 그래서 그는 첫째로는 **노동자**로 존재할 수 있고, 둘째로는 **신체적 주체**로 존재할 수 있다. 이런 예속의 정점은 노동자가 **노동자**여야만 계속 **신체적 주체**일 수 있고, **신체적 주체**여야만 계속 노동자일 수 있다는 것이다.

(노동자가 자신의 대상에서 소외된다는 것을 국민경제학 법칙에 따라 표현하면 이렇다. 노동자가 더 많이 생산할수록, 노동자가 소비할 것은 더 줄어든다. 노동자가 더 많은 가치를 창조할수록, 노동자는 더 무가치하고 덜 존엄해진다. 노동자의 생산물이 더 정형整形될수록, 노동자는 더 기형이 된다. 노동자의 대상이 더 문명화될수록, 노동자는 더 야만적이게 된다. 노동이 더 강력해질수록, 노동자는 더 무력해진다. 노동이 지능화될수록, 노동자는 우둔해져서 자연의 노예가 된다.)

국민경제학은 노동자(노동)와 생산의 직접적 관계를 고찰하지 않으므로, 노동의 본질에 들어 있는 소외를 은폐한다. 물론 노동은 부자를 위해서는 경이로운 작품을 낳지만, 노동자를 위해서는 궁핍을 낳는다. 노동은 궁전을 만들지만, 노동자를 위해서는 오두막을 만든다. 노동은 아름다움을 창조하지만, 노동자를 불구로 만든다. 노동은 기계로 대체되지만, 노동자 일부는 야만적 노동으로 다시 내던져지고 다른 일부는 기계가 된다. 노동은 정신을 생산하지만,

노동자를 저능한 백치로 만든다.

노동이 노동 생산물과 맺는 직접적 관계는 노동자가 그의 생산 대상과 맺는 관계이다. 자산가가 생산 대상 및 생산 자체와 맺는 관계는 이 첫 번째 관계의 **귀결**에 불과하다. 그리고 이 관계를 입증한다. 이 다른 측면에 관해서는 이후에 살펴볼 것이다. 따라서 노동의 본질적 관계가 무엇이냐고 묻는 것은, 곧 **노동자**가 생산과 맺는 관계를 묻는 것이다.

이제까지 우리는 노동자의 소외와 외화에 관해 하나의 측면만, 즉 노동자가 **그의 노동 생산물**과 맺는 **관계**만 고찰했다. 그러나 소외는 결과에서만 드러나는 것이 아니라, **생산 행위**에서, **생산하는 활동** 자체에서도 나타난다. 노동자가 생산 행위 자체에서 자신으로부터 자기 자신을 소외시키지 않는다면, 어떻게 자신의 활동의 생산물이 노동자에 대립할 수 있겠는가? 생산물은 그저 활동과 생산의 요약에 불과하다. 그러니까 노동 생산물이 외화라면, 생산 자체는 활동하는 외화, 활동의 외화, 외화의 활동이어야 한다. 노동 대상의 소외에서는 노동 활동 자체에서의 소외와 외화가 요약될 뿐이다.

그렇다면 노동의 외화는 무엇으로 구성되는가?

첫째, 노동은 노동자 **외부**에 있다. 즉 노동은 그의 본질에 속하지 않는다. 따라서 노동자는 노동을 하면서 스스로를 긍정하는 것이 아니라 부정하고, 행복이 아니라 불행을 느끼며, 신체적·정신적 에너지를 자유롭게 발현하는 것이 아니라 고된 일로 몸이

약해지고 정신이 망가진다. 따라서 일하지 않을 때만 자기 자신이라고 느끼고, 일할 때는 자기 자신이 아니라고 느낀다. 일하지 않을 때만 집처럼 편안하고, 일할 때는 집처럼 편안하지 않다. 그러므로 그의 노동은 자발적 노동이 아니라 강요된 노동, 즉 **강제노동**이다. 따라서 그의 노동은 욕구의 충족이 아니라, 노동하지 않을 때 욕구를 충족하기 위해 필요한 **수단**에 불과하다. 신체적 혹은 그 밖의 강제가 없으면 마치 흑사병처럼 노동을 회피한다는 사실은, 노동의 낯섦을 오롯이 드러낸다. 외적인 노동, 즉 인간을 외화시키는 노동은 자기희생의 노동이자 고행의 노동이다. 마지막으로 노동이 노동자 외부에 있다는 것은, 노동이 노동자가 아닌 다른 사람의 것이라는 사실, 노동이 노동자에게 속하지 않는다는 사실, 노동자가 노동할 때 자신이 아니라 다른 사람에게 속한다는 사실에서 드러난다. 종교에서 인간의 상상, 인간의 두뇌, 인간의 심장이 하는 자발적 활동이 개인으로부터 독립하여, 즉 신이나 악마의 낯선 활동으로서 개인에게 작용하듯이, 노동자의 활동은 그의 자발적 활동이 아니다. 노동자의 활동은 다른 사람에게 속하며, 그는 자기 자신을 상실한다.

 그 결과 인간(노동자)은 먹고 마시고 아이 낳는 일, 그리고 이에 더해 기껏해야 주거나 장식 등의 동물적 기능에서만 자유롭게 활동한다고 느끼고, 인간적 기능에서는 자신을 그저 동물로 느낀다. 동물적인 것은 인간적인 것이 되고, 인간적인 것은 동물적인 것이 된다.

물론 먹고 마시고 아이 낳는 일 같은 것도 참된 인간적 기능이다. 그러나 이런 일이 추상적으로 인간적 활동의 다른 범위에서 떨어져 나와서 유일한 최종 목표가 되기 때문에, 동물적 기능이 되는 것이다.

우리는 노동이라는 실천적이고 인간적인 활동을 소외시키는 행위를 두 가지 면에서 고찰했다. 1) 노동자가 자신 위에 군림하는 낯설고 강력한 대상인 **노동 생산물**과 맺는 관계. 이 관계는 자신에게 적대적으로 대립하는 낯선 세계인 감각적 외부세계, 즉 자연의 대상들과 맺는 관계이기도 하다. 2) 노동이 **노동**하는 가운데 **생산 행위**와 맺는 관계. 이 관계는 노동자가 자신에게 속하지 않는 낯선 무엇으로서의 자신의 활동, 즉 겪음[21]으로서의 활동, 무력함으로서의 힘, 거세로서의 생식과 맺는 관계이다. 노동자 **자신**의 신체적·정신적 에너지와 (삶은 곧 활동이므로) 그의 인격적 삶은, 그 자신에 대립하고 자신으로부터 자립적이며 자신에게 속하지 않는 활동이다. 앞에서 살펴본 것이 **사물**의 소외라면, 이것은 **자기소외**이다.

|XXIV| 이제 앞서 본 **소외된 노동**의 두 가지 규정으로부터 세 번째 규정을 이끌어내야 한다.

---

21 여기에서는 독일어 "Leiden"이 능동적인 '활동 Tätigkeit'과 대립되는 수동성을 뜻하므로 '겪음'으로 옮긴다. 또한 이후에 나오는 독일어 "Leidenschaft"가 이러한 수동성을 함축할 때에는 '정동〔겪음〕'으로 옮긴다.

인간은 유類적 존재이다. 이는 자신의 유와 다른 사물의 유를 포함한 모든 유를 실천 및 이론의 대상으로 삼기 때문일 뿐만 아니라, (같은 것을 다르게 표현할 뿐이지만) 자기 자신을 현재 살아 있는 유로, 어떤 **보편적**인 따라서 자유로운 존재로 대하기 때문이기도 하다.

인간과 동물 모두의 유적 삶은 신체적 측면에서는 인간이 (동물처럼) 비유기적 자연에 의지해 살아간다는 데에 있다. 그리고 인간은 동물보다 보편적이므로, 인간이 의지해 살아가는 비유기적 자연의 범위도 더 보편적이다. 식물, 동물, 돌, 공기, 빛 등은 이론적으로 인간 의식의 한 부분(인간 정신의 비유기적 자연이자, 그가 향유하고 소화하려면 먼저 조리해야 하는 정신적 생활수단)으로서, 부분적으로 자연과학의 대상이고 부분적으로 예술의 대상이다. 이와 마찬가지로 이것들은 실천적으로도 인간의 삶과 활동의 한 부분이기도 하다. 신체적으로 인간은 음식, 땔감, 의복, 집 등등의 어떤 형태로 나타나든, 자연 생산물이 있어야 살아간다. 인간의 보편성은 실천적으로는 바로 자연 전체를 자신의 **비유기적** 육체로 만든다는 보편성에서 나타난다. 이는 자연 전체가 1) 직접적 생활수단인 한에서, 〔2)〕 그리고 삶의 활동의 대상/재료이자 도구인 한에서 그러하다. 자연은 인간의 **비유기적 신체**이다. 자연 자체가 인간의 몸이 아닌 한에서는 그러하다. 인간이 자연에 의해 **살아간다**는 것은 자연이 인간의 **신체**라는 뜻이고, 인간이 죽지 않으려면 자연과의 끊임없는 과정에 머물러야 한다는 뜻이다. 인간의 신체적이고 정신적인 삶이 자연과 결부되어 있다는 것은, 자연이 그 자체와 결부되어 있다는 뜻과 다름없다. 인간은 자연의 일부이기 때문이다.

소외된 노동은 인간으로부터 1) 자연을 소외시키고, 2) 자기 자신, 자신의 활동적 기능, 자신의 삶의 활동을 소외시키며, 따라서 인간으로부터 **유**를 소외시킨다. 소외된 노동은 인간의 **유적 삶**을 개인적 삶의 수단으로 만든다. 소외된 노동은 첫째로 유적 삶과 개인적 삶을 소외시키고, 둘째로 추상화된 개인적 삶을 역시 추상화되고 소외된 형식의 유적 삶의 목적으로 만든다.

그것은 우선 인간에게는 노동, **삶의 활동**, **생산적 삶** 자체가 그저 어떤 욕구, 즉 신체적 생존을 유지하려는 욕구를 충족하는 **수단**으로 나타나기 때문이다. 하지만 생산적 삶은 유적 삶이다. 그것은 삶을 산출하는 삶이다. 삶의 활동이라는 유형에는 어느 종의 성격, 그 종의 유적 성격이 오롯이 들어 있는데, 인간의 유적 성격은 자유롭고 의식적인 활동이다. 삶 자체는 단지 **삶의 수단**으로 나타난다.

동물은 자신의 삶의 활동과 무매개적으로 하나이다. 동물은 삶의 활동과 구별되지 않는다. 동물은 곧 **삶의 활동**이다. 인간은 자신의 삶의 활동 자체를 의욕과 의식의 대상으로 삼는다. 인간의 삶의 활동은 의식된다. 그것은 인간이 무매개적으로 융합하는 어떤 규정이 아니다. 인간은 삶의 활동을 의식한다는 점에서 동물적 삶의 활동과 곧바로 구별된다. 오로지 이를 통해서 인간은 하나의 유적 존재가 된다. 혹은 인간이 바로 유적 존재이기 때문에, 그는 오로지 의식적인 존재, 즉 자신의 삶이 대상이 되는 존재가 된다. 오로지 이런 까닭에 인간의 활동은 자유로운 활동이다. 소외된 노동은 이 관계를 뒤집는다. 인간은 바로 의식적인 존재이기 때문에, 자신의 삶의 활동, 자신의 **본질**을 그저 자신의 **생존**을 위한 수단으로 만드는 것이다.

대상적 세계를 실천적으로 산출하고 비유기적 자연을 **가공**하는 일은, 인간이 의식적인 유적 존재임을 입증하는 일, 즉 자신의 본질로서의 유와 관계하는 존재 혹은 유적 존재로서의 자기 자신과 관계하는 존재임을 입증하는 일이다. 물론 동물도 생산한다. 벌, 비버, 개미 같은 동물은 둥지나 집을 짓는다. 다만 동물은 자신이나 자기 새끼를 위해 직접적으로 필요한 것만 생산한다. 동물은 일면적으로 생산하지만, 인간은 보편적으로 생산한다. 동물은 직접적인 신체적 욕구의 지배를 받으며 생산할 뿐이지만, 인간 자신은 신체적 욕구로부터 자유로이 생산하고 신체적 욕구로부터 자유로울 때에만 비로소 참되게 생산한다. 동물은 자기 자신만 생산하는 반면, 인간은 자연 전체를 재생산한다. 동물의 생산물은 그 물리적 신체에 직접적으로 속하지만, 인간은 자유롭게 자신의 생산물과 마주한다. 동물은 그것이 속한 종의 척도와 욕구에 따라서만 형태를 만들지만, 인간은 모든 종의 척도에 따라 생산할 줄 알고 항상 대상에 내재적 척도를 적용할 줄 안다. 그래서 인간은 미의 법칙에 따라서도 형태를 만든다.

370

그러므로 인간은 바로 대상적 세계를 가공할 때, 비로소 자신이 **유적 존재**임을 참되게 입증한다. 이런 생산은 인간의 작업하는 유적 삶이다. 생산을 통해 자연은 **인간의** 작품이자 인간의 현실로 나타난다. 따라서 노동의 대상은 **인간의 유적 삶의 대상화**이다. 인간은 자신을 이중화하는데, 이는 의식 속에서 지적으로 이루어질 뿐만 아니라 작업하면서 현실적으로도 이루어지며, 따라서 자신이 창조한 세계 속에서 자기 자신을 관조하기 때문이다. 그래서 소외된 노동은 인간에게서 그의 생산 대상을 앗아가므로, 인간에게서 그의 **유적 삶**, 즉 그의 현실적인 유적 대상성을 앗아가며, 인간이 동물보다 우월한 점을 인간의 비유기적 신체인 자연이 그에게서 떨어져 나간다는 단점으로 바꿔버린다.

이와 마찬가지로 소외된 노동은 자발적 활동이자 자유로운 활동을 수단으로 전락시키므로, 인간의 유적 삶을 신체적 생존의 수단으로 만든다.

그리하여 자신의 유에 대한 인간의 의식은 소외를 거치면서 유적 삶이 그에게 수단이 되는 쪽으로 변한다.

그래서 소외된 노동은

3) **인간의 유적 존재**, 자연 및 인간의 정신적인 유적 능력 모두를 인간에게 **낯선** 본질로 만들고, 인간의 **개인적 생존**의 **수단**으로 만든다. 소외된 노동은 인간에게서 그 자신의 신체를 소외시키고, 인간 외부의 자연을 소외시키며, 또한 인간의 정신적 본질, 인간의 **인간적** 본질을 소외시킨다.

4) 인간이 자신의 노동 생산물로부터, 자신의 삶의 활동으로부터, 자신의 유적 존재로부터 소외되는 데에 따른 직접적인 결과는, **인간이 인간**으로부터 **소외**되는 것이다. 인간이 자신을 마주할 때, **다른** 인간도 그를 마주한다. 인간이 자신의 노동, 자신의 노동 생산물, 자기 자신과 맺는 관계에 적용되는 것은, 또한 인간이 다른 인간, 다른 인간의 노동 및 노동 대상과 맺는 관계에도 적용된다.

일반적으로 인간으로부터 인간의 유적 본질이 소외된다는 명제는, 한 인간이 다른 인간으로부터 소외된다는 것과 각 인간이 인간적 본질로부터 소외된다는 것을 뜻한다.

인간의 소외는, 그리고 일반적으로 인간이 자기 자신과 맺는 모든 관계는, 인간이 다른 인간과 맺는 관계에서 비로소 현실화되고 표현된다.

그러므로 소외된 노동의 관계 속에서, 각 인간은 그 자신이 노동자로서 처한 규준 및 관계에 의거하여 다른 인간을 바라본다.

|XXV| 우리는 하나의 국민경제학적 사실, 즉 노동자와 그의 생산물의 소외에서 시작했다. 우리는 이 사실을 **소외되고 외화된** 노동이라는 개념으로 표현했다. 우리는 이 개념을 분석했고, 따라서 단지 국민경제학적 사실을 분석했을 뿐이다.

이제 우리는 계속해서 소외되고 외화된 노동이라는 개념이 현실에서 어떻게 표현되고 기술되어야 하는지 살펴보려 한다.

노동 생산물이 나에게 낯설다면, 나에게 맞서는 낯선 힘으로 등장한다면, 그것은 누구에게 속하는가?

나 자신의 활동이 나에게 속하지 않으며, 어떤 낯설고 강요된 활동이라면, 그것은 누구에게 속하는가?

나 아닌 **다른** 존재에게 속한다.

이 존재는 누구인가?

신들인가? 물론 태고에는 예컨대 이집트, 인도, 멕시코의 신전 건축 같은 주요한 생산이 신들을 섬기는 것으로서 나타났고, 그 생산물도 신들에게 속한다. 물론 결코 신들만이 노동의 주인은 아니었다. 또 **자연**만이 노동의 주인인 것도 아니었다. 인간이 노동함으로써 자연을 굴복시키고 산업의 기적이 신들의 기적을 불필요하게 만들수록, 인간이 이런 힘들을 위해 생산의 희열과 생산물의 향유를 더 포기해야 했다는 것은 얼마나 모순적인가.

노동과 노동 생산물이 귀속되고, 노동이 섬기며, 노동 생산물을 향유하는 **낯선** 존재는 **인간** 자신일 수밖에 없다.

노동 생산물이 노동자에게 귀속되지 않고 낯선 힘으로서 노동자에게 맞선다면, 이는 오직 노동 생산물이 **노동자 외의 다른 사람**에게 귀속되기 때문이다. 노동자의 활동이 노동자에게 괴로움이라면, 다른 사람에게는 **향유**이자 삶의 희열이어야 한다. 신들이나 자연이 아니라, 오직 인간 자신만이 인간 위에 군림하는 이런 낯선 힘일 수 있다.

또한 앞서 정립한 명제, 즉 인간이 자기 자신과 맺는 관계는 인간이 오직 다른 인간과 맺는 관계를 통해서만 비로소 **대상적**이고 **현실적**이게 된다는 명제를 숙고해보자. 그러니까 인간이 자신의 노동 생산물, 자신의 대상화된 노동을 어떤 **낯설고** 적대적이며 강력하고 자신에게서 자립적인 대상으로 대한다면, 그는 자신에게 낯설고 적대적이며 강력하고 자신에게서 자립적인 인간을 이 대상의 주인으로 대한다. 인간이 자기 자신의 활동을 자유롭지 않은 활동으로 대한다면, 그는 이 활동을 다른 인간의 지배, 강제, 멍에 아래에서 그 인간을 섬기는 활동으로 대한다.

372

　인간의 자기 자신과 자연으로부터의 자기소외는 모두 그 자신과 자연이 그가 아닌 다른 인간과 맺는 관계에서 나타난다. 따라서 종교적 자기소외는 필연적으로 평신도가 성직자와 맺는 관계에서 나타나거나, 이는 영적 세계의 문제이므로 어떤 중재자 등과 맺는 관계에서 나타난다. 실천적이고 현실적인 세계에서 자기소외는 다른 인간과 맺는 실천적이고 현실적인 관계를 통해서만 나타날 수 있다. 소외를 야기하는 매개 자체는 **실천적** 매개이다. 그러므로 소외된 노동을 통해 인간은 자신에게 낯설고 적대적인 인간에게 귀속되는 대상 및 생산 행위와 맺는 관계만을 산출하지 않는다. 그는 또한 다른 인간이 자신의 생산 및 생산물과 맺는 관계, 그리고 자신이 이 다른 인간과 맺는 관계도 산출한다. 그가 행한 생산으로 인해 그 자신이 탈현실화되고 처벌받으며, 그의 생산물은 상실되고 그 자신에게 귀속되지 않게 된다. 그래서 그는 생산하지 않는 자가 생산 및 생산물을 지배하도록 한다. 그는 자신의 활동을 소외시키고, 그로 인해 낯선 자가 그 자신의 것이 아닌 활동을 전유하도록 한다.

이제까지 우리는 이 관계를 노동자의 입장에서만 살펴보았지만, 나중에는 노동하지 않는 자의 입장에서도 살펴볼 것이다.

그러니까 노동자는 **소외되고 외화된 노동**을 통해, 노동에 낯설고 노동 외부에 있는 인간이 이 노동과 맺는 관계를 산출한다. 노동자가 노동과 맺는 관계는, 자본가(혹은 다른 명칭의 고용주)가 노동과 맺는 관계를 산출한다.

따라서 **사유재산**은 **외화된 노동**, 즉 노동자가 자연 및 자기 자신과 맺는 외적 관계의 산물이자 성과이자 필연적 귀결이다.

그러므로 **사유재산**은 **외화된 노동**, 즉 **외화된 인간**, 소외된 노동, 소외된 삶, **소외된** 인간의 개념으로부터 분석해나가면 밝혀진다.

물론 우리는 국민경제학으로부터 **사유재산의 운동**의 결과로서의 **외화된 노동(외화된 삶)**이라는 개념을 얻었다. 그러나 이 개념을 분석해보면, 사유재산이 외화된 노동의 근거이자 원인으로 보일지라도, 실제로는 오히려 외화된 노동의 결과라는 것이 드러난다. 이는 마치 신들이 **원래는** 인간의 지적 혼란의 원인이 아니라 결과인 것과 마찬가지이다. 나중에야 이런 관계는 상호작용으로 바뀐다.

사유재산 발전의 최종 정점에서야 비로소 사유재산의 이러한 비밀이 다시 드러난다. 즉 사유재산은 한편으로 외화된 노동의 **생산물**이고, 다른 한편으로 노동을 외화하는 **수단**이자 **이런 외화의 현실화**인 것이다.

이런 전개는 여태 해결되지 않은 다양한 모순을 곧바로 밝혀준다.

1) 국민경제학은 생산의 본원적 영혼인 노동에서 기원하지만, 노동에게 아무것도 주지 않고 사유재산에게 전부를 준다. 프루동은 이런 모순으로부터 사유재산에 맞서 노동에 유리한 결론을 도출한다. 그러나 우리는 이런 외관상 모순이 **소외된 노동**의 자기모순이라는 것, 그리고 국민경제학은 소외된 노동의 법칙을 표현했을 뿐이라는 것을 알고 있다.

따라서 우리는 **노동임금**과 **사유재산**이 동일하다는 것도 알고 있다. 노동 생산물, 노동 대상이 노동 자체에 급료를 지급한다면, 임금은 노동 소외로부터 나오는 필연적 귀결일 뿐이기 때문이다. 그리고 노동임금에 있어서도 노동은 그 자체가 목적이 아니라, 그 임금을 섬기는 종으로 나타나기 때문이다. 우리는 나중에 이에 대해 상세히 서술하겠지만, 지금은 몇 가지 |XXVI| 귀결만 도출할 것이다.

그러니까 강제적 **노동임금 인상**은 (다른 모든 어려움을 차치하더라도, 또 강제적 노동임금 인상은 이례적이어서 강제에 의해서만 그대로 유지할 수 있다는 점도 차치하더라도) **노예에게** 지급되는 조금 더 나은 **급료**에 지나지 않으며, 노동자와 노동 어느 쪽을 위해서도 인간의 사명과 존엄을 쟁취할 수 없을 것이다.

사실 프루동이 요구하는 **급료의 평등**조차, 현재의 노동자가 자기 노동과 맺고 있는 관계를 모든 사람이 노동과 맺는 관계로 바

꿀 뿐이다. 그러면 사회는 추상적 자본가로 간주된다.

노동임금은 소외된 노동의 직접적 결과이고, 소외된 노동은 사유재산의 직접적 원인이다. 그러므로 한쪽이 철폐되면 다른 쪽도 철폐될 수밖에 없다.

2) 또한 소외된 노동이 사유재산과 맺는 관계로부터 다음과 같은 귀결에 이른다. 사유재산을 비롯한 예속으로부터의 사회 해방은 **노동자 해방**이라는 **정치적** 형식으로 표현된다. 노동자 해방만 중요하기 때문이 아니라, 노동자 해방이 일반적인 인간 해방을 포함하기 때문이다. 또한 노동자 해방이 일반적인 인간 해방을 포함하는 이유는, 인간의 모든 예속이 노동자가 생산과 맺는 관계에 내포되어 있고, 모든 예속 관계는 이런 관계의 변형이자 귀결일 뿐이기 때문이다.[22]

우리는 **소외되고 외화된 노동**이라는 개념을 **분석**하여 **사유재산** 개념을 발견했듯이, 이 두 가지 요소를 가지고 국민경제학의 모든 **범주**를 해명할 수 있다. 그리고 우리는 예컨대 거래, 경쟁, 자본, 화폐 등의 모든 범주에서 이런 첫 번째 토대의 **특정하고 발전된 표현**을 다시 발견할 뿐이다.

그러나 이러한 형성물을 고찰하기 전에, 두 가지 과제를 해결

---

22 서구 마르크스주의자들은 '소외된 노동'에 대한 인간학적 분석을 새로운 마르크스주의를 위한 중요한 텍스트로 간주한 반면, 소위 정통 마르크스주의자들은 소외 개념에 관념론적 요소가 있으며 이것이 그의 후기 사상에서는 청산되었다고 본다.

하고자 한다.

1) 소외된 노동의 결과로 생기는 **사유재산**의 일반적 **본질**을, 사유재산과 **진정으로 인간적이고 사회적인 재산**의 관계 속에서 규정하는 과제.

2) 우리는 **노동의 소외**, 노동의 **외화**를 하나의 사실로 받아들이고, 이 사실을 분석했다. 이제 우리는 어떻게 **인간이** 자기의 **노동을 외화**하고 소외시키는 데 이르렀는지 묻는다. 이런 소외는 어떻게 인간 발전의 본질에 근거를 두는가? 우리는 **사유재산의 기원**에 관한 물음을, **외화된 노동**이 인류의 발전 도정과 맺는 관계에 관한 물음으로 **전환**함으로써, 이 과제의 해결을 위한 많은 것을 이미 얻었다. 사람들이 **사유재산**에 관해 말할 때, 그것을 인간 바깥의 사물로 생각하기 때문이다. 사람들이 노동에 관해 말할 때, 그들은 곧바로 인간 자체와 관계한다. 이러한 새로운 물음의 제기는 이미 해법을 내포한다.

1)에 관하여. 사유재산의 일반적 본질과 그것이 진정으로 인간적인 재산과 맺는 관계.

우리에게 소외된 노동은 서로에게 조건이 되는 두 가지 구성요소, 혹은 하나의 관계의 서로 다른 표현들일 뿐인 두 가지 구성요소로 분해되어 보인다. **전유**는 **소외**이자 **외화**로 나타나며, **외화**는 **전유**로, **소외**는 진정한 **귀화**[23]로 나타난다.

우리는 하나의 측면인 **노동자** 자신과 관련한 **외화된** 노동, 즉 **외화된 노동**이 그 자신과 맺는 관계를 고찰했다. 우리는 **노동하지 않는**

자가 **노동자 및 노동과 맺는 소유 관계**가 이런 관계의 산물이자 필연적 결과임을 발견했다. 외화된 노동의 요약된 물질적 표현인 **사유재산**은 두 가지 관계를 포괄한다. 바로 **노동자가 노동, 자기 노동의 생산물, 노동하지 않는 자**와 맺는 **관계**, 그리고 **노동하지 않는 자가 노동자, 노동자의 노동 생산물**과 맺는 관계이다.

우리는 노동을 통해 자연을 **전유**하는 노동자와 관련하여, 전유가 소외로 나타나고, 자발적 활동이 다른 인간을 위한 활동 및 다른 인간의 활동으로 나타나며, 살아 있음이 삶의 희생으로 나타나고, 대상의 생산이 낯선 힘, **낯선** 인간에게 넘어가는 대상의 상실로 나타난다는 것을 보았다. 이제부터는 이처럼 노동과 노동자에 대해 **낯선** 인간이 노동자, 노동, 노동의 대상과 맺는 관계를 고찰하겠다.

첫째로 염두에 둘 점은 노동자에게 **외화와 소외의 활동**으로 나타나는 모든 것은, 노동하지 않는 자에게 **외화와 소외의 상태**로 나타난다는 것이다.

둘째, 노동자가 생산 과정에서 그리고 생산물에 대해서 갖는 (정서적 상태로서) **현실적이고 실천적인 태도**가, 그와 맞서는 노동하지 않는 자에게는 **이론적인 태도**로 나타난다는 것이다.

|XXVII| **셋째**, 노동자가 자기 자신에게 대립하여 행하는 모든

---

23 무산자는 노동을 통해 비로소 자본주의 사회의 성원으로 '귀화'하여 임금을 받으며 살아갈 수 있다.

일을, 노동하지 않는 자는 노동자에게 대립하여 행한다. 하지만 노동하지 않는 자가 노동자에게 대립하여 행하는 일을 자기 자신에게 대립하여 행하지는 않는다.

이 세 가지 관계를 자세히 살펴보자.[24]

---

24 〈제1수고〉는 여기에서 미완성으로 끝난다.

제2수고

Ökonomisch-philosophische
Manuskripte

1 { 사유재산의 관계 } ✳

376 (…) |XL| 그의 자본의 이자를 형성한다.¹ 따라서 자본이 인간의 완전한 상실이라는 사실은 노동자에게 주관적으로 존재하고, 노동이 인간의 완전한 상실이라는 사실은 자본에게 객관적으로 존재한다. 그러나 **노동자**의 불행은 그 자신이 **살아 있고** 그래서 **욕구가 있는** 자본, 일하지 않는 동안 내내 이자를 상실하는, 따라서 생존을 상실하는 자본이라는 점이다. 자본으로서 노동자의 **가치**는 수요와 공급에 따라 오르내리며, **신체적으로도** 그의 **현존**과 **삶**은 다른 모든 상품처럼 **상품**의 공급이 되고 또 그렇게 인식된다. 노동자는 자본을 생산하고 자본은 노동자를 생산하므로, 노동자는 자신을 생산한다. 그리고 **노동자**이자 **상품**으로서의 인간은 이러한

---

1 〈제2수고〉는 앞의 서른아홉 쪽은 사라지고, 마지막 네 쪽(40~43쪽)만 전해진다. 이 때문에 40쪽의 첫 문장은 불완전하다.

전체 운동의 생산물이다. **노동자** 외에 아무것도 아닌, 노동자로서의 인간은, 그가 **낯선** 자본을 위해 존재하는 한에서만 자신의 인간적 특징을 지닌다. 그러나 인간과 자본은 서로에게 낯설고, 따라서 서로 무심하고 외적이고 우연한 관계를 맺기 때문에, 이런 낯섦은 또한 **현실적으로** 나타날 수밖에 없다. 따라서 자본이 노동자에게 (필연적이든 자의적이든) 갑자기 더는 존재하지 않게 되면, 노동자 자신도 더는 자신에게 존재하지 않게 된다. 그에게는 일자리가 **없고**, 따라서 **보수도 없다**. 그러면 그는 **인간으로서**가 아니라 **노동자로서** 현존하기 때문에, 땅에 묻히거나 굶주릴 수도 있다. 노동자가 노동자로 존재하려면 **자신에게** 자본으로 존재해야 하고, 노동자가 자본으로 존재하려면 **자본이 그를 위해** 존재해야 한다. 자본의 현존은 **노동자의** 현존이자 **삶**이며, 노동자에게 무심한 채로 노동자의 삶의 내용을 규정한다. 그러므로 국민경제학은 일자리 없는 노동자는 인지하지 못하고, 이런 노동관계 밖에 있는 노동하는 사람은 인지하지 못한다. 도둑, 사기꾼, 거지, 그리고 일자리가 없어 굶주리고 가난하고 범죄에 빠진 노동하는 사람은 **국민경제학에게는** 존재하지 않으며, 다만 다른 눈들, 즉 의사, 법관, 무덤 파는 사람, 걸인 단속관 등의 눈에만 존재하는 **형상**이자 국민경제학의 영역 밖을 떠도는 유령이다. 그리하여 국민경제학에서 노동자의 욕구는 **노동하는 기간**에 **노동자**를 유지하고, **노동자 종족**이 **멸종**하지 않게 하는 **욕구**밖에 없다. 그러므로 노동임금은 다른 모든 생산 도구를 **유지하고 정비하는** 것과 똑같은 의미를 갖고,

377

일반적으로 자본을 재생산하면서 이익을 불리기 위한 **자본 소비**와 똑같은 의미를 갖는다. 즉 바퀴를 계속 굴리기 위해 사용하는 기름과 똑같다. 따라서 노동임금은 자본과 자본가에게 필요한 **비용**이고, 이런 필요에 부합하는 욕구를 넘어서면 안 된다. 그러니까 1834년 수정법안〔신新구빈법〕이전에, 잉글랜드 공장주들이 구빈세를 통해 노동자에게 지급되던 공공부조만큼을 노동임금에서 공제하고, 이를 임금에 포함되는 부분으로 간주한 것은 상당히 일관성 있는 일이었다.[2]

생산은 인간을 하나의 **상품**으로, **인간 상품**으로, **상품**이라고 규정되는 인간으로 생산할 뿐만 아니라, 이런 규정에 부합하여 **정신적으로**나 육체적으로나 **인간성을 잃은** 존재로 생산한다. 노동자와 자본가는 부도덕하고 기형적이고 우둔해진다. 이를 통해 **자기의식이 있고 자발적으로 활동하는 상품**, 즉 **인간 상품**을 생산한다. 스미스와 세에 비해 리카도와 밀 등이 한층 더 나아간 점은, 인간의 **현존**(상품이 인간을 생산하는 규모)은 **아무래도 상관없다**고, 심지어 **해롭**

---

[2] 본원적 축적 과정에서 토지를 빼앗겨서 생산수단으로부터 분리된 빈민을 통제하고 임금노동자화하기 위해 1601년 처음 제정된 '구빈법'은, 실업자와 빈민뿐 아니라 최소생계비 이하의 임금을 받는 노동자도 지원했다. 따라서 자본가들은 공공부조를 받는 노동자만 고용하여, 그만큼 임금을 낮추고자 했다. 이에 비해 산업혁명 이후의 산업사회에 부응하기 위해 자유방임주의에 기초하여 제정된 1834년 '신구빈법'은, 노동 능력이 있는 사람들에 대한 급여 지급을 전면 중단했고, 따라서 이들은 굶어 죽지 않으려면 노역소에서 힘겨운 노동을 해야 했다.

다고 선언한 것이다.³ 생산의 진정한 목적은 자본이 얼마나 많은 노동자를 먹여 살리는가가 아니라, 얼마나 많은 이익을 내고 연간 비용 총액을 **절감**하는가이다. 잉글랜드의 새로운 국민경제학이 이룬 거대하고 단호한 진전은 또한 |XLI| (**노동**을 국민경제의 **유일한** 원리로 승격시키면서) 동시에 노동임금과 자본이익 간의 **반비례** 관계를 지극히 명료하게 다루었다는 것이다. 그러니까 통상적으로 자본가는 노동임금을 억제해야 이익을 얻으며, 그 역도 마찬가지이다. 소비자를 속이는 게 아니라, 자본가와 노동자가 서로 속이는 것이 **통상적** 관계이다.

사유재산의 관계는 **노동**으로서 사유재산의 관계 및 **자본**으로서 사유재산의 관계, 그리고 이 두 표현의 **연관**을 내포한다. **노동**으로서 인간 활동, 즉 자신에게 완전히 낯설고, 인간과 자연에게 낯설며, 따라서 의식 및 삶의 발현에도 낯선 활동이 생산하는 것은, 오직 **노동하는 인간**으로서 인간의 **추상적** 존재이다. 따라서 이런 인간은 채워진 무無로부터 절대적 무로, 즉 사회적인 비非현존, 따라서 현실적인 비현존으로 나날이 전락할 수 있다. 다른 한편 **자본**으로서 인간 활동의 대상이 생산되는데, 여기에서 대상이 지니는 자연적·사회적 규정은 몽땅 **지워지고**, 사유재산이 지니는

378

---

3   데이비드 리카도와 그의 제자인 제임스 밀은 인구 증가 등으로 노동자가 필연적으로 궁핍해진다는 비관적 견해를 피력했다. 마르크스는 이런 견해가 분업에 의한 생산력 증대와 시장의 역할 덕분에 빈곤을 극복할 수 있다는 애덤 스미스의 낙관적 견해보다 현실적이라고 평가한다.

자연적·사회적 질은 상실된다(따라서 사유재산이 지니는 정치적·사회적 환영幻影도 몽땅 상실되며, 또 사유재산은 **외관상** 인간적인 관계와 전혀 섞이지 않게 된다). 또한 여기에서 **동일한** 자본은 그 자연적 현존 및 사회적 현존 유형이 지극히 다양하더라도 **동일하게** 남으며, 그 **현실적** 내용에는 전적으로 무관심하다. 이런 대립을 극단으로 몰고 가면, 필연적으로 관계 전체의 극단, 정점, 몰락에 이른다. 그러므로 잉글랜드의 새로운 국민경제학이 이룬 또 다른 위대한 업적은, 지대를 최악의 경작지가 낳는 이익과 최선의 경작지가 낳는 이익의 차액으로 제시한 것이다. 그리고 지주의 낭만적 상상(중농주의자 이후에도 애덤 스미스가 여전히 주장하던, 이른바 지주의 사회적 중요성, 그리고 지주의 이해관계와 사회의 이해관계의 일치)을 폭로하여 지주를 그저 평범하고 산문적인 자본가로 전환시키고, 이를 통해 저 대립을 단순화하고 극단화함으로써 이를 더욱 빨리 해소할 현실의 운동을 예견하고 예비한 업적도 있다. 그리하여 **토지**로서의 **토지**, **지대**로서의 **지대**는 **신분 구별**을 잃고, 아무것도 의미하지 않는, 더 정확히 말하면 돈만 의미하는 **자본과 이익**이 되었다.

자본과 토지의 **구별**, 이윤과 지대의 구별, 그리고 이 두 가지와 노동임금의 구별, **공업**과 **농업**의 구별, 사유 **부동산**과 사유 **동산**의 구별은 사태의 본질에 기반하지 않은 어떤 **역사적인** 구별이며, 자본과 노동의 대립이 형성되고 발생하는 과정에서의 하나의 **고정된** 계기이다. 부동산 토지 재산과 대립하는 공업 등에서 표현되는 것은 단지 공업의 형성 방식, 그리고 농업과의 대립 속에서의

공업의 발전뿐이다. 이런 구별이 **특수한** 노동 유형이자 **본질적이고 중차대하며 삶을 포괄하는** 구별일 수 있는 건, 오로지 공업(도시 생활)이 토지 소유(귀족적·봉건적 생활)에 **대립하여** 형성되고, 여전히 이런 대립의 봉건적 성격을 독점, 춘프트, 길드, 직업단체 등의 형식으로 지니고 있는 동안뿐이다. 이런 규정들 내에서 노동은 여전히 **외관상 사회적인** 의미, **현실적** 공동체의 의미를 지니며, 아직 그 내용에 대해 **무관심**하거나 완전히 독자적으로 존재하여 다른 모든 존재를 도외시하는 데까지는 도달하지 않았고, 따라서 **해방된** 자본까지 도달하지도 않았다. |XLII| 그러나 노동이 **발전**하면, 필연적으로 그 자체가 독자적으로 구성되는 **공업**이 해방되고 **자본**이 **해방**된다. 공업이 자신의 대립물에 행사하는 힘은 현실적 산업〔공업〕으로서의 **농업**[4]의 발생에서 즉각 드러난다. 농업은 과거에 대부분의 노동을 토지 및 이 토지에 매여 있는 **노예**에게 맡겨두었으니, 토지는 노예를 통해 스스로를 경작한 셈이다. 노예가 **자유로운** 노동자로, 즉 **피고용인**으로 변신함에 따라, 토지 주인 자신도 산업의 주인으로, 즉 자본가로 변신했다. 이런 변신은 우선 중간에 **임차농**을 거치면서 일어난다. 그러나 **임차농**은 지주의 대리인, 지주의 폭로된 **비밀**이다. 임차농을 통해서만, **지주**는 **국민경제적으**

379

---

[4] 이 수고에서 "Industrie"는 때로는 무위도식과 대립하는 '산업'으로서 농업과 공업을 포괄하는 넓은 의미로 사용되고, 때로는 농업과 대립하는 '공업'이라는 좁은 의미로 사용된다.

로 현존하고 사유재산 소유자로서 현존한다. 임차농 간의 경쟁이 있어야, 그의 땅의 지대도 있기 때문이다. 따라서 토지 주인은 **임차농**을 통해 본질적으로 이미 **통상적** 자본가가 되어 **있다**. 또한 이런 일은 현실에서 일어날 수밖에 없다. 즉 영농 자본가(임차농)가 토지 주인이 되거나, 그 반대의 일이 일어난다. 임차농의 **산업적 거래**는 곧 **지주**의 산업적 거래인데, 이는 전자가 있어야 후자도 있기 때문이다.

그러나 그들은 지주와 자본가의 대립적인 출현과 기원을 마음에 품고서, 서로를 이렇게 생각한다. 지주는 자본가를 오만하고 해방되어 벼락부자가 된 어제의 노예로 여기고, **자본가**로서의 자신이 이들에게 위협받는다고 생각한다. 자본가는 지주를 무위도식하고 잔인하며 이기적인 어제의 주인으로 여긴다. 자본가는 자신이 자본가로서의 지주에게 손해를 끼친다는 것을 알지만, 현재 자신의 모든 사회적 중요성, 재산, 즐거움이 산업 덕택이라고 생각한다. 자본가는 지주가 **자유로운** 산업과 대립하고, 온갖 자연적 규정에 얽매이지 않는 **자유로운** 자본과 대립한다고 본다. 자본가와 지주의 이러한 대립은 지극히 격렬하며, 서로에 대한 진실을 토로한다. 이들이 서로를 쓸모없다고 여긴다는 사실을 생생하게 보려면, 부동산이 동산에게 가하는 공격이나 그 반대의 공격에 관해 읽어보면 된다. 지주는 자기 재산의 귀족적 내력, 봉건시대의 유품, 회상담, 회고시, 자신의 몽상적 본질과 정치적 중요성 등을 역설한다. 그리고 지주가 국민경제에 관해 말할 때는, 농업이 **유**

일하게 생산적이라고 한다. 이와 동시에 지주는 자신의 적수에 대해 교활하고, 흥정이나 하고, 값을 깎으려 트집 잡고, 속임수를 쓰고, 욕심 많고, 매수당하기 쉽고, 툭하면 화를 내고, 감정도 생각도 없고, 공동체와 서먹서먹하고, 공동체를 팔아 넘기고, 고리를 뜯고, 뚜쟁이 짓을 하고, 비굴하게 굴고, 위선적이고, 아양 떨고, 기만하고, 무미건조하고, 경쟁을 야기함으로써 극빈, 범죄, 모든 사회적 유대의 소멸을 낳고 기르고 어르는, 명예와 원칙과 시심詩心과 실체를 비롯한 그 무엇도 가지지 않은 **수전노**로 묘사한다. (특히 카미유 데물랭Camille Desmoulins이 자신의 잡지 《프랑스와 브라방의 혁명 Révolutions de France et de Brabant》에서 일찍이 질타한 바 있는 중농주의자 베르가스Nicolas Bergasse를 참고하라. 또한 빈케Ludwig von Vincke, 란시촐레Carl Wilhelm von Lancizolle, 할러Karl Ludwig von Haller, 레오Heinrich Leo, 코제가르텐Wilhelm Kosegarten, 젠체하는 노장 헤겔학파 신학자 풍케Georg Ludwig Wilhelm Funke를 참조하라. 풍케는 농노제 폐지 당시 어느 노예가 계속 **귀족의 재산**으로 남기를 고집했다는 레오 씨의 이야기를 눈물을 글썽이면서 전한다. 또한 유스투스 뫼저Justus Möser의 **애국적 공상**을 참고하라. 이 공상의 두드러진 특징은 고루하고 소시민적이고 '무미건조하고' **평범하고** 편협한 속물의 지평을 단 한 순간도 벗어나지 않지만, 그럼에도 **순전한** 공상이라는 데 있다. 이 공상은 바로 이런 모순 때문에 그토록 독일인의 심정에 호소할 수 있었다. 그리고 시스몽디를 참고하라.)

380

다른 한편 동산은 공업과 운동의 기적을 가리킨다. 동산은 근대의 아이이자 적법한 독생자이다. 그것은 자신의 적수를 가리켜

자기의 본질을 **깨닫지 못한** 멍청이라며 가엾게 여긴다(전적으로 맞는 말이다). 이 멍청이는 도덕적인 자본과 자유로운 노동 대신에, 조야하고 부도덕한 폭력과 농노제를 원한다는 것이다. 동산은 이 적수를 돈키호테로 묘사한다. 그가 **정직하고 우직하며 일반 이익을 추구하고 견실하다는** 가상 아래에, 움직일 수 없는 무능력, 탐욕스러운 향락욕, 이기심, 특수 이익의 추구, 사악한 의도를 숨기고 있다는 것이다. 동산은 이 적수를 교활한 **독점가**라고 선언한다. 동산은 적수의 회상담, 시, 몽상에 찬물을 끼얹기 위해, 그 적수의 비열함, 잔인함, 야비한 언행, 성매매, 파렴치, 무질서, 분노를 역사적으로 신랄하게 나열하는데, 이것들을 만들어낸 작업장은 바로 낭만적인 궁성이었다. |XLIII| 동산은 세상에 정치적 자유를 주었고, 시민사회를 옭아매던 족쇄를 풀었으며, 세계를 하나로 화합시켰고, 인간에게 유익한 상업, 순수한 도덕, 바람직한 교양을 창출했다. 그것은 인민에게 천박한 욕구 대신 세련된 욕구를 선사하고 그것을 충족시킬 수단까지 선사했던 반면에, 지주(이 나태하고 그저 거북하기 짝이 없는 곡물 투기꾼)는 인민에게 저 으뜸가는 생활수단을 비싸게 팔아서 자본가가 생산력은 제자리걸음인데 노동임금을 올리도록 강요했다. 그래서 국가의 연간 소득과 자본 축적을, 다시 말해 인민에게 일자리를 주고 나라에 부를 창출할 가능성을 방해하고, 결국에는 모조리 제거하여 모두를 몰락시킨다. 그리고 근대 문명의 **모든** 장점을 폭리로 착취하면서도, 이 문명을 위한 일은 하나도 하지 않고 자신의 봉건적 편견도 버리지 않는

다. 마지막으로 (토지 경작과 토지 자체를 자신이 선물 받은 화수분으로 여길 뿐인) 지주는 자기의 **임차농**을 보면서 이렇게 자문해야 한다. 381 자신이 아무리 산업이나 상업에 저항하면서 역사적인 기억이나 윤리적이고 정치적인 목적에 대해 지껄이더라도, 이미 오래 전부터 **자유로운** 산업과 **인기 많은** 상업에 정서적·현실적으로 속해 있는, **고루하고 공상적이고 교활한** 무뢰한은 아닌지 말이다. 그가 실제로 자신에게 유리하게 내세우는 것은 모조리 **경작자**(자본가와 농업 노동자)에 해당하는 것이며, **지주**는 오히려 그 적이다. 따라서 지주는 스스로를 반증한다. 자본이 **없다면**, 토지 재산은 죽어 있는 무가치한 물질이다. 동산이 거둔 문명의 승리는 바로 죽은 사물이 아닌 인간 노동을 부의 원천으로 발견하고 창출한 일이다(폴 루이 쿠리에Paul Louis Courier, 생시몽Henri de Saint-Simon, 가닐Charles Ganilh, 리카도, 밀, 매컬록John Ramsay Mac-Culloch, 데스튀트 드 트라시Destutt de Tracy, 미셸 슈발리에Michel Chevalier를 참고하라).

(이 지점에서 덧붙이자면) **현실적** 발전 경로를 따르면, 온전히 형성된 사유재산인 **자본가**가 덜 형성된 반쪽짜리 사유재산인 **지주**에게 필연적으로 승리한다. 이와 마찬가지로 일반적으로 보더라도 운동이 부동을 이기고, 공공연하고 자기의식적인 비열함이 은폐되고 **의식 없는** 비열함을 이기며, **소유욕**이 **향락욕**을 이기고, 노골적이고 약삭빠르고 쉬지 않고 다방면에 능숙한 **계몽**의 이기주의가 지역적이고 고루하고 나태하고 공상적인 **미신의 이기주의**를 이기며, **돈**이 다른 형태의 사유재산을 이기기 마련이다.

완성되고 자유로운 산업, 완성되고 순수한 도덕, 그리고 완성되고 인간에게 유익한 상업이 지닌 위험에 대해 무언가 예감한 국가들은, 토지 재산의 자본화를 막고자 (지극히 헛되이) 애쓴다.

자본과 구별되는 **토지 재산**은 아직 **지역적이고** 정치적인 편견에 사로잡힌 사유재산이자 자본이다. 그것은 아직 세계와의 연루에서 완전히 풀려나 자기 자신에 이르지 못한 자본, 즉 아직 **미완성된** 자본이다. 그것은 자신의 **세계적 형성**의 도정에서 추상적인, 즉 **순수한** 표현에 도달해야 한다.

사유재산의 관계는 노동과 자본 그리고 양자의 연관이다. 이런 항들이 통과해야 하는 운동은 다음과 같다.

첫째, 양자의 무매개적 혹은 매개적 통일.

자본과 노동은 처음에는 여전히 통일되어 있다. 그다음에 양자는 물론 분리되고 서로 소외되지만, **실정적**[5] 조건으로서 서로를 고양하고 촉진한다.

〔둘째〕 **양자의 대립.** 양자는 서로를 배제하고, 노동자는 자본가를, 그리고 자본가는 노동자를 자신의 비현존으로 여긴다. 각자는 상대방의 현존을 박탈하고자 한다.

〔셋째〕 각자의 자신에 **맞서는 대립.** 자본 = 축적된 노동 = 노동.

---

5 "positiv"는 대부분 '긍정적'으로 옮겼지만, '이미 현실적으로 형성되어 있는 어떤 것'을 뜻할 때는 '실정적實定的'으로 옮겼다.

자본 자체는 그 **자신**과 자신의 **이자**로 나뉘고, 후자는 다시 **이자와 이윤**으로 나뉜다. 자본가들의 남김 없는 희생. 자본가는 노동자계급으로 전락하고, 노동자는 (예외적 경우에만) 자본가가 된다. 노동은 자본의 계기이자, 자본의 **비용**이다. 따라서 노동임금은 자본이 바치는 제물이다.

노동은 그 **자신**과 **노동임금**으로 분열한다. 노동자 자신은 자본이자 상품이다.

적대적인 상호 대립.

제3수고

*Ökonomisch-philosophische
Manuskripte*

1 { 사유재산과 노동 } ✳

383 |I| XXXVI쪽에 관한 보론.[1] 사유재산의 **주관적 본질**. 대자적으로[2] 존재하는 활동이자 **주체**이자 **인격**으로서의 **사유재산**은 **노동**이다. 그러므로 다음은 자명하다. **노동**이 자신의 원리임을 인식한 국민경제학(애덤 스미스)은 비로소 사유재산을 더 이상 그저 인간 외부의 어떤 **상태**로 여기지 않게 되었다. 이런 국민경제학은 사유재산의 현실적인 **에너지**와 **운동**(이는 의식 안에서 대자적으로 생성되는 사유재산의 독자적 운동, 즉 자기로서의 근대 산업이다)의 생산물이자 근대 **산업**의 생산물로 간주되어야 하지만, 다른 한편으로 국민경제학은 이러한 **산업**의 에너지와 발전을 촉진하고 찬미하고 **의식**의 한

---

1 이 부분은 〈제2수고〉의 사라진 원고(1~39쪽) 중 36쪽을 보충하는 내용이다.
2 헤겔 철학에서 유래하는 "대자적 für sich"이라는 표현은 여기에서 '자신에게 드러남'이나 '의식함/의식됨'을 뜻하고, "즉자적 an sich"이라는 표현은 '그 자체'나 '의식하지 않음/의식되지 않음'을 뜻한다.

힘으로 만들었다. 따라서 부의 **주관적 본질**을 (사유재산에서) 발견한 이 계몽된 국민경제학이 볼 때, 사유재산을 인간에 대한 **대상적 실체로만** 인식하는 화폐 체제〔중금주의〕및 상업 체제〔중상주의〕의 추종자는 **물신숭배자**이자 **가톨릭교도**이다. 그래서 엥겔스는 애덤 스미스를 **국민경제학의 루터**라고 올바르게 불렀다.[3] 루터는 **종교**라는 외부 **세계**의 본질을 **믿음**으로 인식하여 가톨릭이라는 이교에 대항했고, 종교성을 인간의 **내적** 본질로 만듦으로써 **외적** 종교성을 지양했으며, 성직자를 평신도의 심장 속으로 들여옴으로써 평신도 외부에 존재하는 성직자를 부정했다. 이와 마찬가지로 인간 외부에 존재하고 인간으로부터 자립적인 (그래서 외적으로만 획득하고 유지할 수 있는) 부는 지양되었고, 따라서 이러한 부가 지니는 **사유를 배제하는 외적 대상성**도 지양되었다. 이런 일은 사유재산이 인간 자신 안으로 들어오고, 인간이 자신을 사유재산의 본질로 인식함으로써 이루어졌다. 그러나 이 때문에 인간 자신이 사유재산의 규정 속에 자리하게 되는데, 이는 루터에게 인간 자신이 종교의 규정 속에 자리하게 되는 것과 마찬가지이다. 따라서 노동을 원리로 삼는 국민경제학은 인간을 인정한다는 가상 아래에서, 오히려 인간에 대한 부정을 일관되게 수행할 뿐이다. 인간 자신이 더 이

---

[3] Friedrich Engels, *Umrisse zu einer Kritik der Nationalökonomie*, in: *Karl Marx, Friedrich Engels: Werke (MEW)*, Herausgegeben vom Institut für Marxismus-Leninismus beim ZK der SED, 43 Bände, Band 1, Berlin: Dietz-Verlag, 1956, 503쪽 이하.

상 사유재산의 외적 본질에 대해 외적 긴장을 이루는 것이 아니라, 그 자신이 이러한 사유재산의 긴장된 본질이 되어버렸기 때문이다. 과거에는 인간의 **자기 외부에 존재함**이었고 인간의 실질적 외화였던 것이, 단지 외화의 행위이자 양도가 되어버렸다. 따라서 저 국민경제학은 인간과 인간의 자립성 및 자발적 활동 등을 인정한다는 가상 아래에서 시작하여, 사유재산을 인간 자신의 본질 속에 들여놓음으로써, 더 이상 **그것**〔국민경제학〕 **바깥에 존재하는 존재**로서의 **사유재산**의 지역적이거나 일국적인 **규정** 등에 의해 제약받을 수 없게 된다. 즉 저 국민경제학은 **세계시민적**이고 일반적이며 모든 경계와 구속을 벗어버리는 에너지를 전개함으로써, 스스로를 **유일한** 정치, 일반성, 경계이자 구속으로 자리매김한다. 그렇다면 국민경제학은 계속 발전하면서 이러한 **가식**을 내버리고 **온전한 냉소**를 드러낼 수밖에 없다. 국민경제학이 이렇게 하는 이유는 (이 학설이 연루된 온갖 외관상 모순에는 개의치 않고) **더 일면적**으로, 따라서 **더 예리하고 더 일관성 있게, 노동**을 부의 유일한 **본질**로 전개하기 때문이다. 또한 이 학설의 원래 해석과는 대조적으로, 그 귀결이 오히려 **인간에게 적대적**임을 입증하기 때문이다. 마지막으로 또 다른 이유는 노동의 운동으로부터 독립하여 존재하는, 사유재산의 최후의 **개인적**이고 **자연적**인 현존과 부의 원천(**지대**, 즉 이미 완전히 국민경제적이 되어서 국민경제학에 저항할 수 없는 봉건적 재산의 표현)에 치명타를 가하기 때문이다(리카도 학파). 스미스에서 시작하여 세를 거쳐 리카도와 밀 등으로 나아가면서, 국민경제학의 **냉소**

주의는 상대적으로 커진다. 저 후대의 인물들 눈앞에는 **산업**의 결과들이 더욱 발전하고 더욱 모순적으로 등장하기 때문이다. 그뿐 아니라 적극적 의미에서도 저 후대의 인물들은, 인간과 대립하는 소외와 관련하여 언제나 그리고 의식적으로 그 선구자보다 한 걸음 더 나아간다. 하지만 이는 **단지** 이들의 학문이 더 일관되고 더 참되게 전개되기 때문이다. 현실의 모순은 이들이 원리로 인식한 모순적 본질에 완벽하게 조응한다. 이들은 활동하는 형태의 사유재산을 주체로 만들고, 따라서 인간을 본질로 만들며, 이와 동시에 비본질로서의 인간을 본질로 만들기 때문이다. 분열된 |Ⅱ| **산업의 현실**은 그들의 **내적으로 분열**된 원리를 반증하기는커녕 확증한다. 이들의 원리는 바로 이런 분열의 원리이기 때문이다.

　　케네 François Quesnay 박사의 중농주의 이론은 중상주의로부터 애덤 스미스로의 이행이다. **중농주의**는 곧 봉건적 재산을 **국민경제학적**으로 해소한 것이지만, 그래서 곧 봉건적 재산을 **국민경제학적으로 변용**하고 복구한 것이기도 하다. 다만 중농주의의 언어는 이제 봉건적이지 않고 경제학적이게 된다. 모든 부는 **토지**와 **경작**(농업)으로 분해된다. 토지는 아직 **자본**이 아니고 여전히 자본의 **특수한** 현존 양식인데, 이런 현존 양식은 토지의 자연적 특수성 속에서, 그리고 그 자연적 특수성 **때문에** 유효하다. 그렇기는 해도 중상주의가 부는 **귀금속**에만 존재한다고 인식하는 데 반해, 중농주의에서는 토지가 일반적이고 자연적인 **요소**이다. 그리하여 부의 **대상**, 부의 재료는 (그것이 아직 **자연**이면서도 직접적으로 대상적인 부인한) 자연의 경계 내에서 곧 최고의 일반성을 획득한다. 그리고 토지는 오로지 노동을 통해서만, 즉 농업을 통해서만 **인간**에게 존재한다. 그러니까 부의 주관적 본질은 이미 노동 안으로 옮겨졌다. 그러나 이와 동시에 **유일하게 생산적인** 노동은 농업이다. 그래서 노동은 아직 일반적이고 추상적으로 파악되지 않고, **그 재료인** 하나의 특수한 **자연적 요소**에 얽매여 있으며, 그래서 또한 **자연에 의해 규정되는 특수한 현존 방식**으로 여전히 인식된다. 따라서 노동은 인간의 **규정된 특수한** 외화에 불과하고, 노동 생산물도 특수한 부(노동 자체보다 자연에 귀속되는 부)로 파악된다. 여기에서 토지는 아직 자본으로, 즉 노동 자체의 한 계기로 인정되지 않으며, 인간으로부터 자립적인 자연적 현존으로 인정된다. 노동은 오히려 **토지**의 한 계기로 나타난다. 그렇지만 과거에 대상으로만 존재하던 외적인 부에 대한 물신숭배는 매우 단순한 자연 요소로 축소되고, 비록 부분적이고 특수한 방식을 통해서이긴 하지만 부의 본질이 부의 주관적 존재에 있다고 이미 인정되었다. 그러므로 부의 **일반적 본질**이 인식되며, 이에 따라 **노동**은 그 온전한 절대성, 즉 추상성 속에서 **원리**로 승격되는데, 이는 필연적인 진보이다. 중농주의는 유일하게 정당한 관점인 경제적 관점에서는 **농업**이 다른 어떤 산업과도 구분되지 않는다는 사실을 입증했고, 따라서 **특정한** 노동, 특수한 요소에 얽매인 노동, 노동의 특수한 발현이 아니라, **노동 일반**이 부의 **본질**이라는 사실을 입증했다.

중농주의는 노동이 부의 **본질**이라고 선언함으로써, **특수하고**

외적이며 오직 대상적인 부를 부정한다. 그러나 중농주의가 보기에 노동은 우선 토지 재산의 **주관적 본질**일 뿐이다(중농주의는 역사적으로 지배적이고 인정받은 양식으로 나타나는 소유 양식에서 출발한다). 중농주의는 토지 재산을 **외화된 인간**으로 만들 따름이다. 중농주의는 **산업**(농업)이 토지 재산의 **본질**이라고 선언함으로써, 토지 재산의 봉건적 성격을 지양한다. 그러나 중농주의는 **농업**이 **유일한** 산업이라고 선언함으로써, 산업의 세계를 부정하는 태도를 취하고 봉건제를 인정한다.

일단 토지 재산과 대립하며 산업으로 구성되는 산업의 **주관적 본질**이 파악되면, 이 본질 자체 안에 저 대립이 포함되는 것은 당연하다. 산업이 지양된 토지 재산을 포괄하듯, 산업의 **주관적** 본질도 곧 **토지 재산**의 주관적 본질을 포괄하기 때문이다.

토지 재산이 사유재산의 최초 형식이고, 산업이 역사적으로 처음에는 단지 재산의 특수 유형으로서 토지 재산에 대립한다면(달리 말해 토지 재산의 해방 노예라면), 이러한 과정은 사유재산의 **주관적 본질인 노동**에 관한 학문적 파악에서 재연된다. 그리하여 노동은 처음에는 단지 **농업 노동**으로 나타나지만, 그다음에는 **노동** 일반으로 간주된다. |Ⅲ| 모든 부는 **산업적** 부, 노동의 **부**가 되었고, **산업**은 완성된 노동이 된다. 그리고 **공장제**는 **산업**의, 즉 노동의 온전히 형성된 본질이고, **산업자본**은 사유재산의 완성된 객관적 형태이다.

우리는 어떻게 사유재산이 이제야 비로소 인간에 대한 지배

386

를 완성하고, 가장 일반적인 형식에서 세계사적 권력이 될 수 있는지를 알게 되었다.

2 { 사유재산과 공산주의 }

XXXIX쪽에 관한 보론.[4] 그러나 **무산**과 **유산**의 대립은 **노동**과 **자본**의 대립으로 이해하지 않는 한, 여전히 서로 무관심한 대립, 자신의 **활동적 연관** 및 **내적** 관계 속에서 파악되지 못한 대립, 아직 **모순**으로 파악되지 못한 대립이다. 고대 로마나 터키 등에서처럼, 사유재산의 운동이 진전되지 않아도 이런 대립이 **최초의** 형태로 발현될 수 있다. 그렇지만 이런 대립은 아직 사유재산 자체에 의해 정립된 것으로서 **나타나지** 않는다. 그러나 재산의 배제로서 사유재산의 주관적 본질인 노동과 노동의 배제로서 객관적 노동인 자본은, 자신의 전개된 모순 관계로서 **사유재산**이고, 따라서 〔모순의〕 해소로 이끌고 가는 정력적 관계로서 **사유재산**이다.

XXXIX쪽에 관한 또 다른 보론. 자기소외의 지양은 자기소외

---

4 이 부분은 〈제2수고〉의 사라진 원고(1~39쪽) 중 39쪽을 보충하는 내용이다.

와 똑같은 길을 걷는다. **사유재산**은 우선 그 객관적 측면에서만 고찰된다(그래도 그것의 본질은 노동이다). 따라서 사유재산의 현존 형식은 **자본**인데, 그것은 "그 자체가" 지양되어야 한다(프루동). 아니면 평준화되고 분할된, 따라서 자유롭지 않은 노동이라는 노동의 **특수한 방식**은, 사유재산의 **해악**과 인간으로부터 소외된 사유재산의 현존이 유래하는 원천으로 파악된다. 중농주의자와 마찬가지로 푸리에Charles Fourier도 **농업 노동**을 적어도 **탁월한** 노동이라고 보았으나, 생시몽은 이와 반대로 **산업 노동** 자체를 본질이라고 선언하고 이제 산업가가 **단독으로** 지배하면서 노동자의 형편을 개선하기를 희망했다. 마침내 **공산주의**는 지양된 사유재산을 **긍정적으로** 표현하는데, 그것은 우선 **일반적** 사유재산으로 나타난다. 공산주의가 이런 관계를 **일반성** 속에서 포착하므로, 공산주의는 1) 최초의 형태에서는 단지 사유재산의 **일반화**이자 **완성**이다. 이러한 공산주의는 두 가지 형태로 나타난다. 한편으로 **물적** 재산의 지배는 너무도 거대하게 이 공산주의에 대립하므로, 공산주의는 모든 사람이 **사유재산**으로 소유할 수 없는 것은 **모조리** 파괴하려 든다. 가령 이러한 공산주의는 재능 등을 **폭력적으로** 도외시하고, 물리적이고 직접적 **소유**를 삶과 현존의 유일한 목적으로 간주한다. 그리고 **노동자**라는 규정을 지양하지 않고, 모든 사람에게 확대한다. 또한 사유재산의 관계는 여전히 공동체가 사물 세계와 맺는 관계일 뿐이다. 마지막으로 사유재산에 대해 일반적 사유재산을 대립시키는 이 운동은, (**배타적 사유재산**의 한 **형식**인) **혼인**에 대해 여성이

공동체의 **공동** 재산이 되는 **여성 공유**를 대립시키는 짐승 같은 형태로 나타난다. 이 **여성 공유** 사상이야말로 여전히 지극히 조야하고 경솔한 이런 공산주의의 **비밀을 드러낸다**고 해도 좋을 것이다. 이처럼 여성이 혼인에서 벗어나 일반적 성매매에 들어가듯, 인간의 부의 세계, 즉 인간의 대상적 존재의 세계 전체는 사유재산 소유자와의 배타적 혼인 관계에서 벗어나 공동체와의 보편적 성매매 관계에 들어간다. (인간의 **인격성**을 죄다 부정하는) 이 공산주의는 이러한 부정인 사유재산을 수미일관하게 표현할 뿐이다. 그 자체가 권력이 되는 일반적 **시기심**은 은폐된 형식의 **소유욕**을 야기하며, 다만 **다른** 방식으로 충족시킬 뿐이다. 이러한 의미에서의 모든 사유재산의 관념은 **적어도 더 부유한** 사유재산에게는 시기심과 평준화 욕구로 대항하는데, 이런 것들은 심지어 경쟁의 본질이기도 하다. 조야한 공산주의자는 이러한 시기심과 평준화를 **상상되는** 최소치에서 시작하여 완성할 뿐이다. 이런 공산주의자에게는 **규정적이고 제한적인** 척도가 있다. 사유재산에 대한 이런 식의 지양이 현실적 전유가 아니라는 점은, 바로 교양과 문명의 세계 전체를 추상적으로 부정한다는 데에서 입증된다. 그것은 **가난하고** 욕구 없는 인간의 **비자연적** |Ⅳ| 단순성으로의 회귀인데, 이는 사유재산을 넘어서지 못할 뿐만 아니라, 아직 사유재산에 채 미치지도 못한 것이다.

이러한 공동체는 **노동** 공동체이자 평등한 **봉급** 공동체일 뿐이며, 이 봉급은 공동체의 자본, 즉 일반적 자본가로서의 **공동체가**

지급한다. 이러한 관계의 두 측면은 모두 **상상된** 일반성으로 고양된다. **노동**은 모든 사람의 사명으로, **자본**은 공동체의 공인된 일반성이자 권력으로 고양되는 것이다.

공동체의 육욕에 봉사하는 **약탈물**이자 **시녀**인 여성과의 이러한 관계는, 인간이 그 자신에 대해 한없이 타락한 채 존재함을 드러낸다. 그 이유는 이런 관계의 비밀이 **남성**이 **여성**과 맺는 관계에서, 즉 **직접적이고 자연적인** 유적 관계를 이해하는 방식에서 **명백하고** 결정적이고 **공공연하며** 노골적으로 드러나기 때문이다. **남성**이 **여성**과 맺는 **관계**는, 인간이 인간과 맺는 직접적이고 자연적이며 불가결한 관계이다. 이처럼 **자연적인** 유적 관계에서, 인간이 자연과 맺는 관계는 곧 인간이 인간과 맺는 관계이고, 인간이 인간과 맺는 관계는 곧 인간이 자연과 맺는 관계, 즉 인간에게 고유한 **자연적** 규정이다. 그러니까 이 관계에서는 인간에게 인간적 본질이 어느 정도까지 자연(본성)이 되었는지, 다시 말해 자연이 어느 정도까지 인간의 인간적 본질이 되었는지가 직관 가능한 **사실로** 환원되어 **감각적으로 나타난다**. 따라서 우리는 이 관계를 통해 인간의 교양이 도달한 단계를 남김없이 판정할 수 있다. 이런 관계의 성격은 **인간**이 얼마나 **유적 존재** 즉 **인간**이 되었고, 얼마나 자신을 그런 존재로 파악하는지 보여준다. 남성이 여성과 맺는 관계는 인간이 인간과 맺는 **가장 자연적인** 관계이다. 따라서 이 관계는 인간의 **자연적** 태도가 얼마나 **인간적**인지, 또는 그에게 **인간적** 본질이 얼마나 **자연적** 본질이 되었는지, 그에게 자신의 **인간적**

자연〔본성〕이 얼마나 **자연**〔본성〕이 되었는지 보여준다. 또 이 관계는 인간의 **욕구**가 얼마나 **인간적** 욕구가 되었는지, 따라서 그에게 인간으로서의 **다른** 인간이 얼마나 욕구가 되었는지, 그리고 그가 가장 개인적으로 현존할 때에도 얼마나 공동체적 존재인지 보여준다.

그러므로 사유재산의 최초의 실정적 지양인 **조야한** 공산주의는, 사유재산이 그 자체를 **실정적 공동체**로 정립하고자 하는 저열함이 드러나는 하나의 **현상 형식**일 뿐이다.

2) α) 민주적이건 전제적이건 여전히 정치적 본성을 지니며, β) 국가는 지양했으나, 여전히 사유재산 즉 인간 소외가 영향을 미치는, 아직 미완성된 공산주의. 이 두 형태에서 공산주의는 이미 그 자체가 인간의 자기 자신으로의 재통합 혹은 복귀이자, 인간의 자기소외에 대한 지양임을 자각한다. 그러나 이러한 공산주의는 사유재산의 실정적 존재를 아직 포착하지 못하고 욕구의 **인간적** 자연〔본성〕을 이해하지 못하기에, 여전히 사유재산에 얽매이고 감염되어 있다. 공산주의는 그 자체의 개념은 포착했으나, 아직 그 본질은 포착하지 못했다.

3) **인간의 자기소외**인 **사유재산**을 **실정적으로** 지양하고, 따라서 인간이 인간을 위해 **인간적** 본질을 현실적으로 **전유**하는 **공산주의**. 따라서 **의식적으로**, 그리고 이제까지 발전해온 모든 부의 내부에서, 인간이 **사회적** 인간 즉 인간적 인간으로서의 자기 자신으로 완전히 돌아가는 공산주의. 이런 공산주의는 완성된 자연주의 =

389

인간주의이고, 완성된 인간주의 = 자연주의이며, 인간과 자연의 갈등 및 인간과 인간의 갈등을 **진정으로** 해소하고, 존재와 본질의 투쟁, 대상화와 자기 확인의 투쟁, 자유와 필연의 투쟁, 개인과 유의 투쟁을 참되게 해소한다. 이런 공산주의는 역사의 수수께끼를 해결하며, 자신이 이러한 해답임을 자각한다.

|V| 그러므로 역사의 전체 운동은 공산주의를 **현실적으로** 산출하는 행위(공산주의의 경험적 현존을 낳는 행위)이며, 또한 그 사유하는 의식이 **이해하고 인식하는** 공산주의의 **생성** 운동이기도 하다. 이에 비해 아직 미완성인 저 공산주의는 그 자체를 **역사적으로** 증명하고자, 즉 이미 존재하는 것을 통해 증명하고자, 역사에서 사유재산에 대립하던 개별 상태들을 열거한다. 이런 공산주의는 운동으로부터 떼어낸 개별 계기들에 집착하여, 자신이 역사적으로 순종임을 증명한다(이런 준마를 타고 다니는 자들은 특히 카베Étienne Cabet, 빌가르델François Villegardelle 등이다). 그러나 이런 공산주의가 이를 통해 밝혀내는 건, 이러한 운동 중에서 훨씬 많은 부분이 그 주장을 반증한다는 사실, 언젠가 그런 것이 있었더라도 이미 **과거**가 되었기에 그것이 **본질**인 양 참칭하는 것을 반박한다는 사실이다.

혁명운동 전체는 필연적으로 **사유재산**의 운동에서, 즉 경제의 운동에서 경험적 토대와 이론적 토대를 찾아낸다는 사실은 쉽게 알 수 있다.

물질적이며 직접적으로 **감각적인** 사유재산은 **인간의 소외된 삶**

에 대한 물질적이고 감각적인 표현이다. 사유재산의 운동(생산과 소비)은 이제까지의 모든 생산의 운동을, 즉 인간의 현실화 혹은 현실성을 **감각적으로** 드러낸다. 종교, 가족, 국가, 법률, 도덕, 학문, 예술 등은 생산의 **특수한** 방식일 뿐이고, 생산의 일반적 법칙을 따른다. 그러므로 **사유재산**의 실정적 지양은 **인간적** 삶의 전유이고, 모든 소외의 실정적 지양이며, 따라서 종교, 가족, 국가 등으로부터 자신의 **인간적인**, 즉 **사회적인** 현존으로 돌아가는 것이다. 종교적 소외 자체는 **의식의** 구역, 인간 내면의 구역에서 나타날 뿐이지만, 경제적 소외는 **현실적 삶**의 소외이다. 따라서 소외의 지양은 두 측면을 포괄한다. 서로 다른 민족에서 어떻게 이런 운동이 **처음** 시작되는가는, 그 민족에게서 **인정받는** 참된 삶이 의식에서 이루어지는지 아니면 외적 세계에서 이루어지는지에 달려 있으며, 따라서 그런 참된 삶이 이념적 삶인지 아니면 실제적 삶인지에 달려 있다는 것은 자명하다. 공산주의는 무신론과 함께 시작되는데(오언), **무신론**은 처음에는 아직 **공산주의**와 거리가 먼 데다가, 그러한 무신론은 아직 추상일 뿐이다. 따라서 무신론의 박애는 우선 **철학적이고** 추상적인 박애에 불과하지만, 공산주의의 박애는 곧바로 **실제적이고** 직접적으로 **영향**을 미친다.

우리는 사유재산을 실정적으로 지양했다는 전제 아래에서, 어떻게 인간이 인간을 생산하는지, 즉 어떻게 자신과 타인을 생산하는지 살펴보았다. 또한 어떻게 인간의 개별성의 직접적 현시인 대상이 동시에 타인에 대한 자기 자신의 현존이고, 타인의 현존이며, 자기 자신에 대한 타인의 현존인지 살펴보았다. 그러나 이와 마찬가지로 노동 재료와 주체로서의 인간은 둘 다 운동의 결과이면서 출발점이기도 하다(이들은 이런 **출발점**일 수밖에 없는데, 바로 이 점이 사유재산의 역사적 **필연성**이다). 따라서 이 전체 운동의 일반적 성격은 **사회적** 성격이다. 사회 자체가 **인간**을 **인간**으로 생산**하듯**, 인간은 사회를 **생산한다**. 활동과 향유는 그 내용에 있어서나 **존재 방식**에 있어서나 **사회적** 활동과 **사회적** 향유이다. 자연의 **인간적** 본질은 **사회적** 인간에게 비로소 존재한다. 여기에서 비로소 인간에게 자연〔본성〕은 **인간**과 **유대**를 맺는 것, 그가 타인에게 현존하고 타인이 그에게 현존하는 것이 되며, 또한 여기에서 비로소 자연〔본성〕은 인간 자신의 **인간적** 현존의 **기초**이자 인간적 현실의 생명소生命素가 되기 때문이다. 여기에서 비로소 인간에게 그의 **자연적** 현존은 그의 **인간적** 현존이 되고, 자연은 인간이 된다. 그러니까 **사회**는 인간과 자연의 존재가 온전히 합일한 것이고, 자연이 참되게 부활한 것이며, 인간이 자연주의를 성취하고 자연이 인간주의를 성취한 것이다.[5]

|VI| 사회적 활동과 사회적 향유는 **단지 직접적으로** 사회적인 활동과 직접적으로 **사회적인** 향유라는 형식으로만 존재하지는 않

---

5 원문 뒤에는 다음 내용이 이어지는데, 따로 구획되어 있는 부분이므로 주석에 싣는다. "**성매매**는 **노동자**가 몸을 파는 **일반적인** 일의 **특수한** 표현일 따름이다. 그리고 몸을 파는 일은 몸을 파는 자뿐 아니라 (훨씬 더 저열한) 몸을 사는 자도 포함하는 하나의 관계이므로, 자본가 등도 이 범주에 속한다."

는다. 물론 이러한 사회성의 **직접적** 표현이 그 내용의 본질에 기초하고 그 자연〔본성〕에 적합한 곳에서는, **공동체적** 활동과 **공동체적** 향유, 즉 다른 사람들과 더불어 사는 **현실적인 사회**에서 직접적으로 발현되고 확인되는 활동과 향유가 항상 이루어지지만 말이다.

하지만 내가 **학문적** 활동 등을, 즉 다른 사람들과의 직접적 공동체 속에서 수행하는 경우가 드문 활동을 할 때라고 해도, 나는 여전히 **인간**으로 활동하고 있으므로 **사회적**이다. (사상가가 그 안에서 활동하는 언어 자체를 비롯한) 내 활동의 재료가 사회적 생산물로서 나에게 주어질 뿐 아니라, 나 **자신의** 현존이 사회적 활동**이다**. 그래서 내가 스스로 만든 것은, 사회를 위해서 사회적 존재로서의 나를 인식하면서 스스로 만든 것이다.

실제적인 공동체적 존재이자 사회적 존재가 무언가의 **생생한** 형태라면, 나의 **일반적** 의식은 그것의 **이론적** 형태일 뿐이다. 물론 오늘날에는 **일반적** 의식이 현실적 삶을 도외시하고, 그 자체가 현실적 삶에 적대적으로 대립하지만 말이다. 따라서 나의 일반적 의식의 **활동** 역시 (그 자체로) 사회적 존재인 나의 **이론적** 현존이다.

무엇보다도 '사회'를 개인에 대립하는 추상으로 다시 고착시키는 일을 피해야 한다. 개인은 **사회적 존재이다**. 따라서 개인의 삶의 발현은 (다른 사람들과 함께 수행하는 **공동체적** 삶의 발현이라는 직접적 형식으로 나타나지 않더라도) **사회적 삶의** 발현이자 확인**이다**. 인간의 개인적 삶과 유적 삶은 **서로 다르지** 않다. (필연적으로) 개인적 삶의 현존 방식이 유적 삶의 보다 **특수한** 혹은 보다 **일반적인** 방식이더라도, 달리 말해 유적 삶이 보다 **특수한** 혹은 보다 **일반적인** 개인적 삶이더라도 말이다.

유적 의식으로서의 인간은 자신의 실제적인 **사회적 삶**을 확인하며, 자신의 현실적 현존을 사유 속에서 재연할 뿐이다. 거꾸로 말하자면 유적 존재는 유적 의식 속에서 자신을 확인하며, 자신의 일반성 안에서 사유하는 존재로서 대자적으로 존재한다.

따라서 인간은 아무리 **특수한** 개인이라 해도, 또 그의 특수성이야말로 그를 개인이자 현실적으로 **개인적인** 공동체적 존재로 만든다고 해도, 그는 사유되고 감각되는 사회 자체의 **총체**, 즉 이념적 총체이자 주관적 현존이다. 이와 마찬가지로 인간은 현실에서도 사회적 현존의 직관이자 현실적 향유로서, 인간적 삶의 발현의 총체로서 현존한다.

그러므로 사유와 존재는 **구별**되지만, 이와 동시에 서로 **통일**되어 있다.

죽음은 **특정한** 개인에 대한 유의 냉혹한 승리로 나타나고, 개인과 유의 통일성에 모순되는 듯 나타난다. 그러나 특정한 개인은 단지 **특정한 유적 존재**이며, 그러한 유적 존재로서 죽게 되어 있다.

4) 인간은 자신에 대해 **대상적**이게 되고, 더 정확히 말하면 낯설고 비인간적인 대상이 되며, 그의 삶의 발현은 그의 삶의 외화이고, 그의 현실화는 그의 탈현실화 즉 하나의 **낯선** 현실이다. **사**

유재산은 이런 사실에 대한 감각적 표현일 뿐이다. 그렇다면 사유재산에 대한 실정적 지양, 즉 인간이 인간의 본질과 삶, 대상적 인간, 인간의 **업적**을 인간을 위해 **감각적으로** 전유하는 것을, 단지 **직접적이고** 일면적인 **향유**의 의미로, 단지 **소유함**의 의미, **가짐**의 의미로 이해해서는 안 된다. 인간은 자신의 전면적 존재를 전면적인 방식으로, 즉 총체적 인간으로서 전유한다. 그가 세계와 맺는 모든 **인간적** 관계, 보고 듣고 냄새 맡고 맛보고 만지고 생각하고 직관하고 감각하고 의욕하고 활동하고 사랑하는 일, 한마디로 그의 모든 개인적 기관 및 그 형식상 직접적으로 공동체적인 기관은 |Ⅶ| 그것의 **대상적** 태도 혹은 **대상에 대한 태도**에 의거하여 대상을 전유하고 **인간적** 현실을 전유한다. 그것의 대상에 대한 태도는 **인간적 현실의 현시**이고(그래서 인간의 **본질 규정**과 활동이 다양한 만큼 이런 현시도 다양하다), 인간이 **행하는 것**이자 인간이 **겪는 것**이다. 겪음이란 인간적 관점에서 보면 인간의 자기 향유이기 때문이다.

 사유재산이 우리를 너무도 어리석고 일면적으로 만들었기에, 우리가 대상을 가졌을 때, 이 대상이 우리에게 자본으로 존재해야만, 혹은 우리가 이 대상을 직접적으로 소유하고 먹고 마시고 몸에 걸치고 그 안에서 거주하는 등 한마디로 그 대상을 **사용**해야만, 그것은 **우리의** 대상이 된다. 물론 사유재산은 또다시 이런 소유의 직접적 현실화 자체를 모두 **생활수단**으로만 보며, 이것들이 수단으로서 봉사하는 생활은 **사유재산의 생활**, 즉 노동과 자본화가 되지만 말이다.

그리하여 **모든** 물질적이고 정신적인 감각 대신에, 이런 **모든** 감각의 한낱 소외일 뿐인 **소유**의 감각이 등장한다. 인간 존재는 이러한 절대적 빈곤으로 축소됨으로써 내면의 부를 자기 밖으로 내놓는다. (**소유**의 범주에 대해서는 헤스의 《21장》을 보라.)

그러므로 사유재산의 지양은 모든 인간적 감각과 특성의 완전한 **해방**이다. 그런데 그것이 해방인 이유는, 바로 이런 감각과 특성이 주관적으로나 객관적으로 **인간적이게** 되기 때문이다. 눈은 **인간적인** 눈이 되고, 눈의 **대상**은 인간을 위해 인간에게 생기는 사회적이고 **인간적인** 대상이 된다. 그래서 **감각**들은 그 실천을 통해 곧 **이론가**가 된다. 감각은 **사태** 때문에 사태와 관계를 맺지만, 사태 자체는 그 자체 및 인간과 **대상적이고 인간적인** 관계를 맺는다. 그리고 그 역도 마찬가지이다. 사물이 인간적인 관계를 맺을 때에만, 나는 실천적으로 사물과 인간적인 관계를 맺을 수 있다. 그래서 욕구나 향유는 그 **자기중심적** 자연[본성]을 잃고, 자연은 그 한갓된 **유용성**을 잃는데, 이는 그 유용함이 **인간적** 유용함이 되기 때문이다.

이와 마찬가지로 다른 사람들의 감각과 향유도 나 **자신**이 전유하게 된다. 따라서 이러한 직접적 기관들 외에도, 사회라는 **형식**으로 **사회적** 기관들이 형성된다. 예를 들어 다른 사람들과 직접적으로 함께 하는 사회에서 이루어지는 활동 등은, 나의 **삶을 발현**하는 기관이고 **인간적** 삶을 전유하는 방식이다.

인간의 눈은 인간 아닌 존재의 조야한 눈과는 다르게 향유하고, 인간의 **귀**는 조야한 귀와는 다르게 향유한다는 등의 사실은 자명하다.

우리는 이런 점을 살펴보았다. 대상이 인간에게 **인간적** 대상 혹은 대상적 인간이 되어야만, 인간은 자신의 대상 속에서 자신을 잃어버리지 않을 수 있다. 이것은 오직 대상이 인간에게 **사회적** 대상이 되고, 인간 자신이 스스로에게 사회적 존재가 되며, 사회가 이 대상 속에서 인간을 위한 존재가 될 때에만 가능한 일이다.

따라서 한편으로 사회 속 인간에게 대상의 현실은 언제나 인간의 본질적 힘의 현실, 인간적 현실, 따라서 인간 **특유의** 본질적 힘의 현실이 되기 때문에, 모든 **대상**은 인간에게 인간 자신의 **대상화**, 인간의 개인성을 확인하고 현실화하는 대상, **인간의** 대상이 된다. 달리 말해 **인간 자신**이 대상이 된다. **어떻게** 대상이 인간에게 그의 대상이 되는가는 **대상의 자연**〔본성〕에 달려 있고, 그 **대상의 자연**〔본성〕에 상응하는 **본질적 힘**의 자연〔본성〕에 달려 있다. 왜냐하면 바로 이러한 관계가 어떻게 **규정**되는가가 긍정의 특수하고 **현실적인** 방식을 이루기 때문이다. 하나의 대상은 **눈**에 대해서는 **귀**에 대해서와 달라지고, 눈의 대상은 **귀**의 대상과는 다른 대상**이다**. 모든 본질적 힘의 특유성은 바로 그 **특유한 본질**이며, 그래서 또한 그 본질적 힘이 대상화되는 특유한 방식이자, **대상적이고 현실적이며** 생생하게 **존재**하는 특유한 방식이다. 그래서 사유뿐 아니라 |Ⅷ| **모든** 감각을 통해, 인간은 대상적 세계에서 긍정된다.

다른 한편으로 주관적 관점에서 보면, 음악이 비로소 인간의 음악적 감각을 일깨우며, 아무리 아름다운 음악도 음악적이지 않은 귀에는 감각되지 **않고** 대상이 **아니다**. 나의 대상은 나의 본질적 힘들 중 하나의 확증일 뿐이므로, 주관적 능력인 나의 본질적 힘 자체가 있어야 그 대상도 나에게 있을 수 있기 때문이다. 또 대상의 감각은 **나의** 감각이 닿는 범위만큼만 나에게 닿으며(오직 그 대상에 상응하는 감관에만 감각되며), 따라서 사회적 인간의 **감각**은 사회적이지 않은 인간의 감각과는 **다르기** 때문이다. 인간 존재가 대상에서 풍요롭게 전개되어야만 주관적이고 **인간적인** 감각이 풍요로워지고, 비로소 음악적인 귀, 형식미를 보는 눈, 한마디로 인간적 향유 능력이 있는 **감각들**, **인간의** 본질적 힘으로 확인되는 감각들이 길러지거나 생겨나게 된다. 왜냐하면 오감뿐 아니라 이른바 정신적 감각, 실천적 감각(의지, 사랑 등), 한마디로 **인간적** 감각, 감각의 인간성은 **그의** 대상의 현존을 통해, **인간화된** 자연을 통해 비로소 생겨나기 때문이다.

 오감은 이제까지 세계사 전체의 노동으로 **형성**되었다. 조야한 실천적 욕구에 사로잡힌 **감각**은 **편협한** 감각에 불과하다. 굶주린 사람에게 음식은 인간적 형식 없이 오직 음식으로서 추상적으로 현존할 뿐이다. 이러한 음식은 극히 조야한 형태일 수도 있으며, 이렇게 먹는 활동은 **동물적으로** 먹는 활동과 다른 점을 찾을 수 없다. 근심이 가득하고 궁핍한 사람은 아무리 아름다운 연극도 **감각**할 수 없다. 광물 상인은 광물의 아름다움과 특유한 자연(본성)이 아니라, 상업적 가치만 볼 뿐이다. 그에게는 광물학적인 감각도 없다. 그러니까 인간의 **감각**을 **인간적으로** 만들고 저 풍요로운 인간적 존재와 자연적 존재 전체에 조응하는 **인간적 감각**을 창출하기 위해서는, 인간적 본질을 이론적 관점과 실천적 관점에서 대상화해야 한다.

성장하고 있는 사회는 이러한 **형성**에 필요한 재료를 전부 **사유재산**의 운동, 사유재산의 풍요와 빈곤의 운동, 혹은 물질적·정신적 풍요와 빈곤의 운동에서 찾아낸다. 한편 **성장한** 사회는 그 모든 본질의 풍요로움 속에서 인간을, 그 사회의 항구적 현실로서 **전면적이고 심오한 감각을 지닌 풍요로운** 인간을 생산한다.

우리는 주관주의와 객관주의, 유심론과 유물론, 행함과 겪음이 사회적 상태에서 처음으로 대립하지 않고, 따라서 그런 대립으로 현존하지 않는 것을 본다. 우리는 **이론적** 대립 자체도 **오직 실천으로만**, 오직 인간의 실천적 에너지로만 해결할 수 있으며, 그래서 이런 해결은 결코 인식의 과제에 불과하지 않고 **현실적인** 삶의 과제라는 것을 본다. 그러나 **철학**은 바로 이 과제를 **그저** 이론적 과제로만 이해했기 때문에 해결할 수 없었다.

우리는 **산업**의 역사와 성장한 산업의 **대상적** 현존이 **인간의 본질적 힘**이 적힌 책이 **펼쳐진** 것이자, 인간의 **심리학**이 감각적으로 나타난 것임을 안다. 지금까지 이것은 인간의 **본질**과의 연관 속에서가 아니라, 항상 외적 유용성과의 관계 속에서만 이해되었다. 그 이유는 (소외 내부에서 움직이는) 사람들이 오직 인간의 일반적

현존이나 종교, 또는 정치·예술·문학 등의 추상적·일반적 본질에서의 역사만을 |IX| 인간의 본질적 힘의 현실이자 **인간의 유적 행위**로 이해할 수 있었기 때문이다. 인간이 지니는 **대상화하는 본질적 힘은 통상적이고 물질적인 산업**에서 **감각적이고 낯설고 유용한 대상들**이라는 형식으로, 소외의 형식으로 우리 앞에 나타난다(이제까지 인간의 모든 활동이 노동이자 산업이며 자기 자신을 소외시키는 활동이었으므로, 통상적이고 물질적인 산업은 저 일반적 운동의 한 부분으로 파악될 수 있고, 그 자체가 산업의 **특수한** 부분으로 파악될 수 있다). 이 책을, 그중에도 특히 역사에서 가장 감각적으로 현재적이고 이해하기 쉬운 부분을 펼쳐보지 못하는 **심리학**은 진정하고 풍요롭고 **실제적인** 학문이 될 수 없다. 인간 노동의 이 거대한 부분을 **고상하게** 외면하면서 자신의 불완전함을 느끼지 못하는 학문을 대체 어떻게 생각해야 하겠는가? 그토록 광범위하고 풍요로운 인간의 활동도, 이런 학문에게는 그저 '**욕구**', '**천박한 욕구!**'라는 한마디로 표현될 수 있는 것 외에 아무 의미도 아니라면 말이다.

    자연과학은 어마어마한 활동을 전개하면서, 점점 더 많은 소재를 전유해왔다. 그러나 자연과학이 철학에 낯설듯이, 철학도 자연과학에 낯설었다. 이들의 일시적 합일은 **공상적인 환영**에 불과했다. 의지는 있되, 능력이 없었다. 역사 서술 자체도 자연과학에 대해서는 계몽이나 유용성이나 몇몇 위대한 발견의 계기로서만 부차적 관심을 기울였을 뿐이다. 하지만 자연과학은 산업을 통해 더욱 **실천적으로** 인간의 삶에 개입하여 변형시키면서, 인간 해방을 예비했다. 비록 그러면서 비인간화를 곧바로 정점까지 몰고 가기는 했지만 말이다. **산업**은 자연이, 따라서 자연과학이 인간과 맺는 **현실적이고** 역사적인 관계이다. 그래서 산업을 인간의 **본질적 힘의 공개적** 폭로로 이해한다면, 자연의 **인간적** 본질 혹은 인간의 **자연적** 본질도 이해할 수 있다. 따라서 자연과학은 추상적으로 물질적인 경향, 더 정확히 말하면 관념론적인 경향을 버리고 **인간적** 학문의 토대가 되었고, 이제는 이미 (소외된 형태이기는 하지만) 현실적으로 인간적인 삶의 토대가 되었다. 삶의 토대와 **학문**의 토대가 **다르다**는 것은 애초부터 거짓이다. 인간 역사(인간 사회가 출현하는 행위)에서 생겨나는 자연은 인간의 **현실적** 자연〔본성〕이고, 따라서 **소외된** 형태로나마 산업을 통해 생겨나는 자연은 참된 **인간학적** 자연〔본성〕이다.

 모든 학문의 토대는 **감각**이어야 한다(포이어바흐를 참조하라). 학문은 **감각적** 의식과 **감각적** 욕구라는 이중적 형태의 감각에서 출발할 때만 (즉 자연에서 출발할 때만) **현실적** 학문이다. 모든 역사는 '**인간**'이 **감각적** 의식의 대상이 되고, '인간으로서의 인간'의 욕구가 〔감각적〕 욕구가 되기 위한 예비의 역사이자 발전의 역사이다. 역사 자체는 **자연사**, 즉 자연이 인간으로 생성되는 역사의 **현실적** 부분이다. 훗날에는 자연과학이 인간과학을 포섭하고 인간과학이 자연과학을 포섭하여, **하나의** 학문이 될 것이다. |X| **인간**은 자연과학의 직접적 대상이다. 그 이유는 인간에게 직접적이고 **감각적인 자연**〔본성〕은 직접적으로 인간적인 감각으로서, (동일

한 표현이지만) 그에게 직접 **다른** 인간으로서 감각적으로 현전하고, 인간의 고유한 감각은 **다른** 인간을 통해 비로소 그 자신에게 인간적인 감각이 되기 때문이다. 그러나 **자연도 인간과학**의 직접적 대상이다. 인간의 첫 번째 대상인 인간은 자연이자 감각이다. 그리고 특수하고 인간적으로 감각적인 본질적 힘들은 오직 **자연적** 대상에서 대상적으로 현실화되므로, 일반적으로 자연적 존재의 학문에서만 자신을 인식할 수 있다. 사유 자체의 요소이자 사고의 생생한 발현의 요소인 **언어**는 감각적 자연이다. 자연의 **사회적** 현실과 **인간적** 자연과학 혹은 **인간에 관한 자연적 과학**은 동일한 표현이다.

397 우리는 **풍요로운 인간**과 풍요로운 **인간적** 욕구가 어떻게 국민경제의 **풍요**와 **빈곤**을 대신하는지를 본다. **풍요로운** 인간은 그와 동시에 인간적 삶의 총체적 발현이라는 **욕구를 지니는** 인간이다. 그는 자신의 현실화가 내면에서 불가피하고 **필요한** 인간이다. 인간의 **풍요**뿐 아니라 **결핍** 역시 (사회주의라는 조건 아래에서는) 고르게 **인간적** 의미를 얻고, 따라서 사회적인 의미를 얻는다. 결핍은 인간이 가장 큰 풍요, 즉 **다른** 인간에 대한 욕구를 느끼게 만드는 수동적 유대이다. 내 안에서 대상적 존재가 지배하는 것, 그리고 나의 본질적 활동이 감각적으로 분출하는 것이 **정동**〔겪음〕인데, 따라서 이런 정동〔겪음〕은 여기서 나의 존재의 **활동**이 된다.

5) 어떤 **존재**는 자기 발로 설 때 마침내 독립적 존재로 간주되며, 자기 덕택에 **현존**할 때 마침내 자기 발로 서게 된다. 다른 인간

의 은혜로 사는 인간은 자신을 의존적 존재로 여긴다. 그런데 내가 다른 인간 덕택에 나의 삶을 유지하고, 더 나아가 다른 인간이 **내 삶을 창조**했다면, 즉 그가 내 삶의 **원천**이라면, 나는 오롯이 다른 인간의 은혜로 사는 것이다. 또 나 자신이 내 삶을 창조하지 않는다면, 내 삶의 근거는 필연적으로 그 삶의 바깥에 있다. 그렇다면 **창조**는 인민의 의식에서 몰아내기가 무척 어려운 표상이다. 인민의 의식은 자연과 인간이 그 자신에 의해 존재한다는 것을 **이해할 수 없다**. 그것은 실천적 삶에서의 모든 **명백한 것들**과 상충하기 때문이다.

지구의 형성, 지구의 생성을 하나의 과정이자 자기생산으로 기술하는 학문인 **지질학**은 **지구** 창조설에 엄청난 타격을 입혔다. 그리고 자연발생[6]은 창조론에 대한 유일하고 실천적인 반박이다.

물론 일찍이 아리스토텔레스가 말한 것을 지금 개별적 개인에 대해 말하기는 쉽다.[7] 그대의 아버지와 어머니가 그대를 낳았고, 따라서 두 사람의 성적 결합이, 즉 인간의 유적 행위가 그대를 낳음으로써 인간을 생산했다. 따라서 그대는 인간의 육체도 인간 덕택에 현존한다는 것을 알고 있다. 그러니까 그대는 단지 **하나의** 측면만, 즉 누가 나의 아버지를 낳았고 누가 나의 할아버지

---

6 generatio aequivoca. 유기체가 비유기체로부터 자연적으로 발생하는 것을 뜻한다.
7 아리스토텔레스, 《형이상학》, 12권 3장.

를 낳았는가 등등을 계속 묻는 **무한한** 과정만 염두에 두어서는 안 된다. 그대는 저 과정에서 감각적으로 직관할 수 있는 **원환 운동**도 규명해야 한다. 이 운동에서 인간은 생식을 통해 자기 자신을 반복하며, 따라서 **인간**은 늘 주체로 남는다.

하지만 그대는 대답할 것이다. 이런 원환 운동을 그대에게 용납할 테니, 그대도 나로 하여금 누가 최초의 인간을 낳았는가, 그리고 자연 일반을 낳았는가를 묻도록 계속 몰고 가는 저 과정을 내게 용납하라.

398 이제 나는 그대에게 대답할 수 있다. 그대의 물음 자체가 추상화의 산물이다. 그대가 어떻게 저런 물음에 이르렀는지 자문해보라. 그대의 물음이 내가 대답할 수 없는 관점에서 나온 전도된 물음은 아닌지 자문해보라. 이성적 사유에 이런 과정 자체가 존재하는지 자문해보라. 그러니까 그대가 자연과 인간의 창조에 관해 묻는다면, 인간과 자연을 도외시하고 있는 것이다. 그대는 인간과 자연이 **존재하지 않는다**고 정립하면서도, 내가 그대에게 이것이 **존재한다**고 증명하기를 원하는 것이다. 이제 나는 그대에게 말한다. 그대가 추상화를 포기하면, 이런 물음도 포기하게 될 것이다. 그러지 않고 그대가 추상을 고수하고자 한다면, 그렇게 일관성을 유지하라. 그리고 그대가 사유를 하면서 인간과 자연이 **존재하지 않는다**고 |XI| 생각한다면, 그대 자신도 존재하지 않는다고 생각하라. 그대도 자연이고 인간이기 때문이다. 생각하지도 말고, 내게 묻지도 말라. 그대가 생각하고 묻는 한, 그대가 자연과 인간의 존

재를 **도외시**하는 것은 무의미하기 때문이다. 아니면 그대는 모든 것을 무無로 정립하면서도, 자기 자신은 존재하기를 원하는 이기주의자인가?

그대는 내게 되물을 수 있다. 나는 자연 등의 무를 정립하려는 것이 아니다. 나는 해부학자에게 뼈의 형성에 관해 묻듯이, 그대에게 자연의 **발생**에 관해 묻는 것이다.

그러나 사회주의적 인간에게는 **이른바 세계사 전체**가 인간 노동을 통한 인간의 생산, 인간을 위한 자연의 생성일 따름이므로, 자신이 자기 자신에 의해 **탄생**하는 **발생 과정**에는 직관적이고 반박할 수 없는 증거가 있다. 인간과 자연의 **본질**을, 그리고 인간이 인간에게 자연으로서 현존하고 자연이 인간에게 인간으로서 현존한다는 것을 실천적이고 감각적으로 직관할 수 있게 되었기 때문에, **낯선** 존재에 관한 물음, 자연과 인간을 넘어선 존재에 관한 물음(자연과 인간이 비본질적이라는 인정을 포함하는 물음)은 실천적으로 불가능해졌다. 이렇게 자연과 인간의 비본질성을 부인하는 **무신론**은 이제 무의미하다. 무신론은 **신의 부정**으로서, **인간의 현존**을 이러한 부정을 통해 정립하기 때문이다. 하지만 사회주의로서의 사회주의에는 더 이상 이러한 매개가 불필요하다. 그것은 **본질**로서의 인간 및 자연에 대한 **이론적으로나 실천적으로나 감각적인 의식**에서 시작하기 때문이다. 이는 더 이상 종교의 지양을 매개로 하지 않는, 인간의 **긍정적 자기의식**이다. 이와 마찬가지로 **현실적 삶**은 더 이상 사유재산의 지양과 **공산주의**를 매개로 하지 않는, 인간의 긍정적 현실이다. 공산주의는 부정의 부정을 정립하는 것이고, 따라서 다음에 이어질 역사 발전에 필수적인, 인간의 해방과 회복의 **현실적** 계기이다. **공산주의**는 다음에 이어질 미래의 필수적 형태이자 정력적 원리이지만, 공산주의 자체는 인간 발전의 목표, 즉 인간적 사회의 형태는 아니다.

3 { 욕구와 생산 } ✳

|XIV| 7)[8] 우리는 사회주의라는 조건 아래에서 인간 욕구의 **풍요**가 어떠한 의미를 지니는지, 따라서 **생산의 새로운 방식**과 생산의 새로운 **대상**이 어떤 의미를 지니는지 살펴보았다. 그것은 **인간의** 본질적 힘의 새로운 현시이고, **인간** 본질의 새로운 풍부화이다. 사유재산 내에서는 이런 의미가 전도된다. 모든 인간은 다른 인간의 **새로운** 욕구를 창출하고자 눈독을 들이는데, 이는 다른 인간에게 새로운 희생을 강요하고 새로운 의존에 빠뜨리며 새로운 방식의 **향유**로 유도함으로써 경제적 파멸로 이끌기 위해서다. 모든 인간은 다른 인간 위에 군림하는 **낯선** 본질적 힘을 창출하여, 자기

---

[8] 원래는 11~13쪽에 헤겔 철학에 관한 논의가 이어지지만, 마르크스가 〈서문〉에서 헤겔에 관해 마지막 장에서 다루겠다고 예고한 바에 따라, 이 부분은 〈제3수고〉 끝에 배치되었다. 따라서 이곳에서 번호는 "5)"에서 "7)로 건너뛰고, 번호 "6)"은 "6. 헤겔 변증법과 철학 일반에 대한 비판" 첫 부분에 등장한다.

419 자신의 이기적 욕구를 충족시키려 한다. 따라서 대상의 양이 많아지면 인간이 예속되는 낯선 존재의 영역도 커지며, 새로운 생산물이 생기면 서로 기만하고 서로 약탈하게 하는 새로운 **잠재력**이 생긴다. 그럴수록 인간은 인간으로서 더욱 가난해지고, 적대적 존재를 지배하기 위해 **화폐**가 더욱 필요해진다. 그가 지닌 **화폐**의 힘은 생산의 양과 정확히 반비례하므로, 화폐의 **힘**이 커지면 그는 더 궁핍해진다. 따라서 화폐에 대한 욕구는 국민경제가 생산하는 진정한 욕구이자, 국민경제가 생산하는 유일한 욕구이다. 점점 더 화폐의 **양**이 화폐의 유일하게 **힘 있는** 특성이 된다. 화폐는 모든 존재를 화폐 자체의 추상으로 환원하지만, 그 자체도 운동하면서 **양적** 존재로 환원된다. **과도함**〔척도 없음 Maßlosigkeit〕과 **무절제함**〔척도에 어긋남 Unmäßigkeit〕이 화폐의 참된 척도가 되는 것이다.

이는 주관적으로 다음과 같이 나타나기도 한다. 생산물과 욕구가 늘어나면, 비인간적이고 정제되고 비자연적이며 **상상적인** 욕망에 예속되는, **영리하고** 자나 깨나 **타산적인** 노예가 된다. 사유재산은 조야한 욕구를 **인간적인** 욕구로 만들 줄 모른다. 사유재산의 **관념론**은 **상상, 자의, 변덕**에 불과하다. 어떠한 환관도 저 산업의 환관인 생산자보다 더 저열하게 폭군에게 아첨하고 더 파렴치한 수단으로 폭군의 둔감한 향유 능력을 자극하여 성은을 입고자 하지 않는다. 생산자는 은화를 사취 詐取하고자, 즉 기독교적 박애를 지닌 이웃의 호주머니에서 황금 새를 꾀어내고자, 그 이웃의 가장 타락한 생각에 끼어들고, 그와 그의 욕구를 맺어주는 뚜쟁이 짓을

하고, 그에게 병적인 욕망을 일으키며, 그의 온갖 약점을 엿보면서, 이런 사랑의 봉사에 대한 대가로 돈을 요구한다. (모든 생산물은 타인의 존재 자체인 돈을 꾀어내는 미끼이다. 현실적인 혹은 가능한 욕구는 죄다 파리를 끈끈이로 유인하는 약점이다. 이렇게 공동체적이고 인간적인 존재에 대한 전반적인 약탈이 이루어진다. 이는 마치 인간의 불완전함이 그를 천국과 이어주는 끈이자, 성직자가 그의 심장에 접근할 수 있게 만드는 측면인 것과 마찬가지이다. 빈곤은 언제나 대단히 싹싹한 겉모습을 띠고 이웃에게 다가가 이렇게 말할 기회이다. '사랑하는 벗이여, 그대가 필요한 것을 내가 줄 수 있소. 하지만 그대는 이를 위한 필수조건이 무엇인지 알 것이오. 그대는 그대 자신을 내게 넘기기 위해 어떤 잉크를 써야 하는지 알 것이오. 내가 그대로 하여금 누리도록 함으로써, 그대를 속여 빼앗을 것이오.')

　이런 소외는 한편으로는 욕구와 이를 충족할 수단을 정제하고, 다른 한편으로는 욕구를 금수처럼 야만스럽고 완벽하게 조야하며 추상적이고 단순하게 만드는 데서 드러난다. 달리 말하면, 그것은 그저 그 자체와 대립되는 의미에서 재생된다. 노동자에게는 신선한 공기에 대한 욕구마저 사라진다. 인간은 다시금 동굴에서 살게 되지만, 이제 그곳도 문명의 유해한 독기에 오염되어 있다. 그는 이 동굴에서 더욱 **위태롭게** 살아갈 뿐이다. 이 동굴은 낯선 힘이어서 하루아침에 빼앗길 수 있으며, |XV| 돈을 내지 않으면 하루아침에 쫓겨날 수 있다. 그는 이 영안실에서 살기 위해 **돈을 내야** 한다. 아이스킬로스의 비극에 등장하는 프로메테우스가

420

야만인을 인간으로 만든 위대한 선물 중 하나라고 말한 **밝은** 집은, 이제 노동자에게는 없다. 그 인간은 더 이상 빛이나 공기 같은 가장 단순한 **동물적** 청결함도 욕구하지 않는다. **오물**, 이러한 인간의 전락과 부패, (문자 그대로 이해해야 하는) 문명의 **하수구**가 그에게는 **생명소**가 된다. 완전하고 **비자연적인** 황폐화, 썩은 자연이 그의 **생명소**가 된다. 그에게는 이제 어떤 감각도 없다. 인간적 감각은커녕 **비인간적** 감각도 없고, 따라서 동물적 감각도 없다. 인간 노동의 가장 조야한 **방식**(**도구**)이 돌아온다. 로마 노예가 쓰던 **발로 밟아 돌리는 바퀴**가 숱한 잉글랜드 노동자의 생산방식이자 현존 방식이 된 것이다. 인간은 인간적 욕구는커녕 **동물적** 욕구조차 갖지 않게 된다. 아일랜드인은 그저 **먹는** 욕구, 그마저도 **감자**를, 감자 중에서도 제일 나쁜 **상한 감자를 먹으려는 욕구**만 지니고 있다. 하지만 잉글랜드와 프랑스의 모든 산업 도시에도 이미 **조그만** 아일랜드가 있다. 야만인이나 짐승에게는 적어도 사냥이나 운동 등의 욕구, 어울림의 욕구가 있다. 기계와 노동의 단순화는 인간이 되어가고 있는 덜 자란 인간, 즉 **아동**을 노동자로 만들고, 노동자를 버려진 아동으로 만드는 데 이용된다. 기계는 인간의 **약함**에 적응하여, **약한** 인간을 기계로 만든다.

    국민경제학자(그리고 우리가 국민경제학자를 언급할 때, 즉 그들의 **학문적** 신조와 현존을 언급할 때에는 항상 **경험적** 사업가를 말하는 것이기도 하므로, 자본가)는 어떻게 욕구와 이를 충족하는 수단의 증가가 욕구도 없고 수단도 없는 상태를 낳는지를 입증한다. 1) 국민경제학자는 육체적 삶이 정말 꼭 필요한 만큼만 가장 비참하게 유지되는 정도까지 노동자의 욕구를 축소하고, 노동자의 활동을 가장 추상적이고 기계적인 운동으로 축소한다. 그러니까 그는 인간에게 어떠한 다른 욕구나 활동이나 향유도 없다고 말한다. 이런 삶도 **역시 인간적** 삶이자 현존이라고 선언하는 것이다. 2) 국민경제학자는 되도록 가장 **궁핍한** 삶(생존)을 철저히 **계산해서**, 이를 척도로, 그것도 일반적 척도로 삼는다. 이것이 일반적 척도인 이유는 대중에게 적용되기 때문이다. 그는 노동자를 감각이나 욕구가 없는 존재로 만들고, 노동자의 활동을 모든 활동의 순전한 추상으로 만든다. 그래서 그에게 노동자의 **사치**는 모조리 혐오스러워 보이고, 가장 추상적인 욕구를 넘어서는 것은 (수동적 향유이든, 활동의 발현이든) 모조리 사치로 보인다. 따라서 국민경제학은 **부**의 학문인 동시에 체념과 궁핍과 **절약**의 학문이어서, 실로 인간에게 주어지는 맑은 **공기**나 신체 움직임에 대한 **욕구**마저 **절약**하는 지경에 이른다. 이는 경이로운 산업의 학문인 동시에 **금욕**의 학문이며, 그 진정한 이상은 **금욕적**이면서도 **폭리를 취하는** 수전노와 **금욕적**이면서도 **생산하는** 노예이다. 이 학문의 도덕적 이상은 봉급 일부를 예금하는 **노동자**이며, 심지어 이처럼 애지중지하는 생각의 시중을 드는 **예술**을 찾아내기까지 했다. 사람들은 이를 감상적으로 만들어 극장에서 상연했다. 따라서 이는 (세속적이고 탐욕적인 겉모습에도 불구하고) 진정으로 도덕적인 학문, 가장 도덕적인 학문이다. 자기 체념, 즉 삶과 모든 인간적 욕구에 대한 체념이 이 학

문의 주요 교의이다. 그대는 먹고 마시고 책을 사고 극장이나 무도회나 술집에 가고 생각하고 사랑하고 이론을 세우고 노래하고 그림을 그리고 칼싸움을 하는 일 등을 덜 할수록 더 **절약**할 수 있고, 따라서 좀먹지도 도둑맞지도 않을 그대의 보물,[9] 즉 그대의 **자본**이 **커진다**. 그대가 덜 **존재할수록**, 그대의 삶이 덜 발현될수록, 그대는 더 **소유하게** 되고, 그대의 **외화된** 삶은 커지며, 그대의 소외된 존재를 더 많이 저장할 수 있다. |XVI| 국민경제학자는 그대의 삶과 인간성의 측면에서 앗아간 모든 것을 **돈**과 **부**로 돌려준다. 그대가 할 수 없는 모든 것을 그대의 돈은 할 수 있다. 돈은 먹고 마시고 무도회나 극장에 갈 수 있고, 돈은 예술, 학식, 역사 속 진기한 일들, 정치권력에 정통하며, 돈은 여행할 수 있고, 돈은 그대에게 이 모든 것을 줄 **수 있다**. 돈은 이 모든 것을 살 수 있다. 돈이야말로 진정한 **능력**이다. 그러나 이 모든 것인 돈은 오직 돈 자체만을 창출하고, 돈 자체만을 사길 원한다. 다른 모든 것은 돈의 종이기에, 내게 주인이 있다면 종도 딸려 오므로, 종이 〔별도로〕 필요하지 않기 때문이다. 그러므로 우리가 겪는 일이든 하는 일이든, 모두 **소유욕** 속으로 가라앉을 수밖에 없다. 노동자는 딱 살기에 필요한 만큼만 가질 수 있고, 오직 가지기 위해서만 살고자 할

---

9 《신약성서》 중 〈마태복음〉 6장 19절 "재물을 땅에 쌓아두지 마라. 땅에서는 좀먹거나 녹이 슬어 못쓰게 되며 도둑이 뚫고 들어와 훔쳐간다."에 빗댄 표현이다.

수 있다.

그런데 이제 국민경제학 분야에서 논쟁이 벌어진다. 한쪽 진영 (로더데일 James Maitland, 8th Earl of Lauderdale, 맬서스 등)은 **사치**를 권장하고 절약을 규탄한다. 다른 진영 (세, 리카도 등)은 절약을 권장하고 사치를 규탄한다. 그렇지만 첫 번째 진영은 **노동**, 즉 절대적 절약을 생산하기 위해 사치를 원한다고 토로한다. 다른 진영은 **부**, 즉 사치를 생산하기 위해 절약을 권한다고 토로한다. 첫 번째 진영은 소유욕만이 부자의 소비를 좌우하지는 않는다는 **낭만적** 상상을 한다. 이들이 **낭비**가 곧 치부 수단이라고 주장할 때, 그들 자신의 법칙들과 상충하게 된다. 그래서 상대 진영은 낭비하면 **내가 가진 것**이 늘어나지 않고 줄어든다는 것을 꽤 진지하고 장황하게 증명한다. 그러나 두 번째 진영은 기분과 변덕이 생산을 좌우한다는 사실을 인정하지 않는 위선을 저지른다. 이 진영은 '세련된 욕구'를 잊고, 소비가 없으면 생산도 없음을 잊으며, 경쟁이 있으면 생산은 더 전면적이고 더 사치스러워질 수밖에 없음을 잊는다. 이 진영은 사용이 사물의 가치를 좌우하고, 유행이 그 사용을 좌우한다는 것을 잊는다. '쓸모 있는 것'만 생산하기를 바라지만, 그것을 지나치게 많이 생산하면 **쓸모없는** 인구가 지나치게 많아진다는 것을 잊는다. 그리고 양 진영은 모두 낭비와 절약, 사치와 궁핍, 부와 빈곤이 서로 같다는 것을 잊는다.

그리고 그대는 먹는 일 같은 직접적 감각에서 절약해야 하는데 그치지 않는다. 경제적으로 살려면, 환상 때문에 몰락하지 않으려면, 공익에 대한 참여, 공감, 신뢰 따위도 다 절약해야 한다.

그대는 자신의 모든 것을 **매물**로 내놓아야 한다. 즉 쓸모 있게 만들어야 한다. 내가 국민경제학자에게 이렇게 묻는다고 하자. 내 몸을 다른 사람의 욕망에 넘겨주고 매물로 내놓아 돈을 번다면 (프랑스의 공장 노동자는 그들의 부인과 딸의 성매매를 n번째 노동시간이라고 부르는데, 이는 말 그대로 참이다), 경제학 법칙을 따르는 것인가? 혹은 내가 친구를 모로코인에게 팔아버린다면[10] (그리고 모든 문명국에서는 징집자 거래라는 직접적 인신매매가 벌어지고 있다), 국민경제학적으로 행동하는 것 아닌가? 그러면 국민경제학자는 대답한다. 그대의 행동은 나의 법칙에 어긋나지 않는다. 하지만 도덕 아주머니와 종교 아주머니는 무어라 말하는지 알아보라. 나의 **국민경제학적** 도덕과 종교는 그대에게 아무런 이의도 제기하지 않는다. 그렇다면 이제 나는 누구를 더 믿어야 하는가? 국민경제학인가, 도덕인가? 국민경제학의 도덕은 **돈벌이**, 노동, 절약, 냉철함이다. 그러나 국민경제학은 나의 욕구를 채워주겠다고 약속한다. 이에 비해 도덕의 국민경제학은 선한 양심과 덕성 등으로 풍부하다. 그러나 내가 존재하지 않는다면 어떻게 덕성을 가질 수 있으며, 내가 아무것도 모른다면 어떻게 선한 양심을 가질 수 있겠는가? 이처럼 각각의 영역이 내게 서로 다르고 반대되는 척도를 제시한다는 것, 즉 도덕과 국민경제학이 서로 다른 척도를 제시한다는 것은

---

10 모로코에서는 프랑스혁명 이후 나폴레옹에 의해 노예제가 부활했다.

소외의 본질에서 기인한다. 이 영역들 각각이 인간 소외의 특정한 양상으로서 |XVII| 소외된 본질적 활동의 특수한 범위를 주목하며, 각각이 다른 소외에 대해서 소외된 관계를 맺기 때문이다. 그래서 미셸 슈발리에는 리카도가 도덕을 외면한다고 비난한다. 그러나 리카도는 국민경제학이 그 고유한 언어로 말하게 한다. 국민경제학이 도덕적으로 말하지 않는 것이 리카도의 책임은 아니다. 슈발리에는 도덕을 논하는 한 국민경제학을 도외시하지만, 국민경제학을 다루는 한 필연적이고 현실적으로 도덕을 도외시하게 된다. 국민경제학자가 도덕과 맺는 관계가 임의적이고 우연적이며 따라서 근거 없고 비과학적이지 않다면, 즉 **가상**으로 현혹하는 것이 아니라 **본질적인** 것이라고 주장한다면, 이는 국민경제학의 법칙이 도덕과 맺는 관계일 수밖에 없다. 이런 관계가 맺어지지 않는다고 해도, 아니 오히려 정반대로 맺어진다고 해도, 리카도에게 무슨 책임이 있겠는가? 게다가 국민경제학과 도덕의 대립도 **가상**일뿐이다. **이 대립**은 **하나의** 대립인 만큼이나, 대립이 아니기도 하다. 다만 국민경제학은 도덕 법칙을 **그 나름대로** 표현할 따름이다.

국민경제학의 원리인 욕구 없음은 **인구론**에서 가장 **번드르르하게** 드러난다. 사람이 너무 **많다**. 인간의 현존마저 순전한 사치이다. '**도덕적**' 노동자라면, 생식부터 **절약**할 것이다(밀은 성관계를 절제하는 사람을 공공연하게 상찬하고, 아이를 갖지 않는 부부를 죄악시하는 사람을 공공연하게 책망하자고 제안했다.[11] 이는 금욕을 설파하는 도덕이자 이론 아닌가?). 인간을 낳으면 대중이 빈곤해지는 듯하다.

부자에게 생산이 어떤 의미인지는, 가난한 사람에게 생산이 어떤 의미인지에서 **명백하게** 드러난다. 이런 의미는 상층에서는 항시 정제되고 은밀하고 양의적으로, 즉 가상으로 발현되지만, 하층에서는 거칠고 직설적이고 노골적으로, 즉 본질로 발현되기 때문이다. 노동자의 **조야한** 욕구는 부자의 **정제된** 욕구에 비해 훨씬 큰 이익을 거둘 수 있는 원천이다. 임대인은 궁전보다는 런던의 지하 숙소에서 더 큰 이익을 거둔다. 그러니까 지하 숙소는 임대인에게 **더 큰 부**이고, 국민경제학적으로 본다면 **사회적으로** 더 큰 부이다. 그리고 산업은 욕구의 정제에 투기하는 만큼이나 욕구의 **조야함**에, 그것도 인위적으로 만들어낸 조야함에 투기한다. 따라서 이러한 조야함을 진정으로 향유하는 일은 곧 **자기 마취**이고, 욕구의 **가상적** 충족이며, 이러한 욕구의 조야한 야만 **안**에 들어 있는 문명이다. 따라서 잉글랜드의 술집은 사유재산의 **상징적** 묘사이다. 그곳의 **사치**는 산업적 사치와 부가 인간과 맺는 진짜 관계를 보여준다. 그래서 이런 술집은 모름지기 인민의 일요일 유흥 중에서는 유일하게 잉글랜드 경찰이 그나마 부드럽게 다룬다.[12]

---

11 James Mill, *Éleméns d'économie politique*, Paris, 1823, 59쪽.
12 원래는 17~18쪽에 헤겔 철학에 관한 논의가 이어지지만, 그 부분은 〈제3수고〉의 "6. 헤겔 변증법과 철학 일반에 대한 비판" 부분에 배치되었다.

|XVIII| 앞서 우리는 국민경제학자가 어떻게 노동과 자본의 통일을 다양한 방식으로 정립하는지 살펴보았다. 1) 자본은 **축적된 노동**이다. 2) 생산 안에서 자본의 임무는 **생산적 노동**인데, 그 일부는 이윤을 내는 자본 재생산이고, 일부는 원료(노동 재료)로서의 자본이며, 일부는 그 스스로 **노동하는 도구**로서의 자본이다(기계는 곧바로 노동과 똑같다고 규정되는 자본이다). 3) 노동자는 자본이다. 4) 노동임금은 자본의 비용에 속한다. 5) 노동자에게 노동은 그의 생명 자본의 재생산이다. 6) 자본가에게 노동은 그의 자본 활동의 한 계기이다.

마지막으로 7) 국민경제학자는 자본가와 노동자의 통일로 나타나는 자본과 노동의 원초적 통일을 가정하는데, 이것이 낙원의 원초적 상태이다. 이 두 계기가 어떻게 |XIX| 두 인물로 맞부딪치는가는 국민경제학자에게는 **우연적** 사건이고, 따라서 그저 외적으로 설명할 사건이다(밀을 참고하라).[13]

여전히 귀금속의 감각적 광휘에 눈이 멀어 있기에 아직도 금속화폐의 물신숭배자인 민족은, 아직 완전한 화폐의 민족이 아니다. 이 점에서 프랑스와 잉글랜드는 대조를 이룬다.

이론적 수수께끼의 해결이 어느 정도까지 실천의 과제이고 실천적으로 수행되는지, 진정한 실천이 어느 정도까지 현실적이고 실정적인 이론의 조건인지는, 이를테면 **물신숭배**에서 드러난다.

---

13   James Mill, *Éleméns d'économie politique*, 32쪽 이하.

물신숭배자의 감각적 의식은 그리스인과 다른데, 이는 감각적 현존이 서로 다르기 때문이다. 감각과 정신의 추상적 적대는 필연적인데, 이는 자연에 대한 인간적 감각, 자연의 인간적 감각, 따라서 **인간**의 **자연적** 감각이 아직까지 인간 자신의 노동으로 생산되지 않았기 때문이다.

평등은 독일의 '자아 = 자아'를 프랑스적 형식, 즉 정치 형식으로 번역한 것일 뿐이다.[14] 공산주의의 **근거**로서의 평등은 공산주의를 **정치적**으로 정당화하는데, 이는 독일인이 인간을 **일반적 자기의식**으로 이해함으로써 공산주의를 정당화하는 것과 마찬가지이다. 으레 소외의 지양은 항상 **지배하는** 힘이라는 소외 형식으로부터 일어나는데, 이 지배하는 힘은 독일에서는 **자기의식**이고, 프랑스에서는 정치이고 따라서 **평등**이며, 잉글랜드에서는 자신만을 척도로 삼는 현실적이고 물질적이며 **실천적인** 욕구이다. 프루동을 비판하고 인정하는 일은 이 지점에서 시작해야 한다.

우리가 **공산주의** 자체는 부정의 부정이고, 사유재산의 부정을 통해 매개되는 인간 본질의 전유이며, 그러므로 아직 그 자체로부터 시작되는 **참된** 입장이 아니라 오히려 사유재산으로부터 시작

---

14 "독일의 '자아 = 자아'"는 피히테의 지식론을 가리킨다. 피히테에 따르면, 인간의 모든 의식의 기초에는 자아가 '무언가'를 '무언가'로 정립하는 '사행事行, Tathandlung'이 있다. 이처럼 무언가로서의 A가 언제나 자아에 의해 정립된다면, 'A = A'라는 논리적 명제는 종국적으로 '자아 = 자아'를 의미하게 된다.

하는 입장이라고 말한다면, […]¹⁵ 이 낡은 독일의 방식(헤겔 현상학의 방식)에 따라 어떤 **극복된 계기**로서 이제 마무리되고, 인간은 […]할 수 있으며 자기의식 안에서 […] 인간 존재를 여전히 그의 사유의 **현실적인** […] 지양을 통해서만 […]한다는 데 안도할 수 있을 것이다. […] 그래서 이와 더불어 인간 삶의 현실적인 소외가 여전히 남고, 그 자체에 대해 의식할수록 더 큰 소외가 남으며, 따라서 이것은 오로지 공산주의의 실현을 통해서만 완수될 수 있다. 사유재산의 **사상**을 지양하는 데에는 공산주의 **사상**만으로 완전히 충분하다. 그러나 현실적 사유재산을 지양하기 위해서는 **현실적인** 공산주의적 행동이 필요하다. 역사가 그 행동을 일으킬 것이다. 그리고 우리가 **사상 속에서는** 이미 그 자체를 지양하는 운동임을 알고 있는 저 운동이, 현실 속에서는 아주 난폭하고 장기적인 과정을 거칠 것이다. 하지만 우리가 먼저 역사적 운동의 한계 및 목표에 대한 의식과 그것들을 넘어서는 의식을 얻는다면, 이를 현실적 진보로 여겨야 한다.

공산주의자 **직공들**이 단결할 때, 이들의 우선적 목표는 이론이나 선전 등이다. 그러나 이와 동시에 이들은 단체의 욕구라는 새로운 욕구를 얻으며, 수단으로 보이는 것이 목적이 된다. 이런

---

15 이 문단에서 '[…]'로 표기한 부분은 육필 원고 중 여섯 줄의 귀퉁이가 찢겨 나간 부분이다. 다만 내용상 마르크스가 헤겔의 관념론적인 소외 극복을 비판하고 있음을 알 수 있다.

실천적 운동이 가져오는 가장 찬란한 결과는 프랑스의 사회주의 노동자가 단결하는 모습에서 볼 수 있다. 더 이상 흡연, 음주, 식사 등이 결속의 수단, 결속시키는 수단이 아니다. 이들에게는 단체와 협회, 그리고 다시 단체를 목표로 하는 대화로 충분하다. 이들에게 인간의 우애는 미사여구가 아니라 진실이고, 노동으로 단련된 이 인물들의 고귀한 인간성이 우리에게 빛을 비춘다.

|XX| 국민경제학은 수요와 공급이 늘 균형을 이룬다고 주장하면서도, 그 자신의 주장에 따르더라도 **인간**의 공급(인구론)은 늘 수요를 넘어선다는 것, 따라서 수요와 공급의 불일치는 생산 전체의 본질적 결과(인간의 생존)에서 가장 결정적으로 표현된다는 것을 곧바로 잊는다.

수단으로 보이는 돈이 실은 진정한 **권력**이자 유일한 **목적**이라는 사실(일반적으로 말하면, 내가 낯선 대상적 존재를 전유하는 존재이게끔 하는 그 수단이 실은 **그 자체로 목적**이라는 사실)은 다음에서 알 수 있다. 토지가 생명의 원천인 곳에서는 토지 재산이, 그리고 **말**馬과 **칼**이 **참된 생활수단**인 곳에서는 말과 칼이 참되고 정치적인 생명권력으로 인정된다. 중세에는 어떤 신분이 **칼**을 차도록 허락되자마자 해방되었다. 유목 민족에서는 **말**이 나를 자유인이자 공동체의 성원으로 만든다.

앞에서 우리는 인간이 **동굴 생활** 등으로 돌아간다고, 그것도 소외되고 적대적인 형태로 돌아간다고 말했다. 야만인은 자기 동굴(향유와 보호를 한껏 내어주는 저 자연적 요소) 안을 낯설다고 느끼지 않고, 오히려 물속의 **물고기**처럼 아늑하다고 느낀다. 그러나 가난한 사람의 지하 숙소는 적대적인 거처이자 '**낯선** 힘으로 남아 있는 거처, 그가 피땀을 내어주는 **한에서만** 자신을 내어주는 거처', 그가 (마침내 여기는 내 집이라고 말할 수 있을) 고향으로 여길 수 없는 거처이다. 그곳에서 그는 오히려 **다른** 사람의 집, **낯선 이의** 집에 있는 것인데, 그 사람은 매일 숨어서 기다리다가 그가 방세를 내지 못하면 곧 쫓아낸다. 그뿐 아니라 그는 자신의 거처가 천국처럼 풍요로운 곳에 있는 저 **피안**의 인간적인 거처와 질적으로 대조된다는 사실도 알고 있다.

소외는 **나**의 생활수단이 **다른 사람**에게 속한다는, **내가** 소망하는 것이 **다른 사람**의 소유여서 접근할 수 없다는 데 있을 뿐만 아니라, 모든 사물 자체가 그 사물과 **다른** 어떤 것이고, 나의 활동은 **다른 인간**의 것이며, 마지막으로 (자본가를 포함한) 모두가 **비인간적인** 힘의 지배를 받는다는 데에도 있다.

부는 향유에만 전념하여, 아무 활동도 하지 않고 낭비하는 데 쓰일 수도 있다. 이런 경우에, 한편으로 향유자는 그저 공허하게 설치는 **덧없는** 개인으로 **처신한다**. 나아가 그는 타인의 노예노동, 인간의 **피땀**을 자기 욕망의 전리품으로 여기며, 따라서 자신을 포함한 인간 자체를 제물로 바쳐지는 하찮은 존재로 여긴다. 이러한 인간 경시는 오만불손함으로, 또 수백 명의 삶을 근근이 유지해줄 수 있는 것에 대한 낭비로 나타난다. 그리고 부분적으로는 파렴치한 착각으로, 즉 자신의 통제되지 않는 낭비와 무절제하고 비생산

적인 소비가 다른 사람의 **노동**을 위한 조건, 따라서 다른 사람의 **생계**를 위한 조건이라는 착각으로 나타난다. 이런 자는 인간의 **본질적 힘**의 현실화를 단지 자신의 비본질, 자신의 변덕, 그리고 자의적이고 기괴한 생각들의 현실화로 여긴다. 그러나 다른 한편으로 그에게 이러한 부는 한낱 수단이고, 오직 탕진할 가치만 있는 사물이다. 따라서 이런 부는 그의 노예인 동시에 주인이고, 관대한 동시에 저열하며, 변덕스럽고 건방지고 우쭐대는 동시에 세련되고 교양 있고 재치 있다. 이러한 부는 아직은 **부**를 그 자체 위에 군림하는 전적으로 **낯선 힘**으로 경험하지 않는다. 오히려 이러한 부는 그 자체의 힘만 본다. 그리고 궁극적인 최종 목적은 부가 아니라 **향유**이다. 이런 부 […].[16] |XXI| 감각적 가상에 눈먼 휘황한 환영, 부의 본질에 관한 환영에 맞서서, **노동하고 분별 있고 산문적이고 경제적인** 산업가, 부의 본질을 깨달은 산업가가 등장한다. 산업가는 이러한 향락 중독을 더 확장시키고, (낭비자의 욕망에 아주 천박하게 비위를 맞추는) 자신의 생산물을 통해 감언이설을 늘어놓으면서, 저 낭비하는 힘을 유일하게 **쓸모 있는** 방식으로 전유할 줄 안다. 따라서 산업적 부가 처음에는 낭비적이고 몽상적인 부의 결과처럼 보일지라도, 산업적 부의 운동은 활동 방식을 통해, 즉 그 자체의 고유한 운동을 통해 저 낭비적이고 몽상적인 부를 몰아낸다. 산업적 운동의 필연적 귀결이자 결과는 **금리** 하락이기 때문이

---

16 육필 원고의 이 부분은 서너 줄이 찢겨나가 있다.

다. 따라서 낭비하는 이자 생활자가 지닌 수단은 바로 향유의 수단과 함정이 늘어나는 것에 **반비례**하여 나날이 줄어든다. 그러니까 이자 생활자는 자기 자본을 잠식하여 파산하거나, 아니면 스스로 산업자본가가 되어야 한다. 다른 한편으로 물론 산업적 운동이 이루어지는 과정에는 **지대**도 곧바로 끊임없이 상승하지만, (우리가 앞서 살펴보았듯) 다른 모든 재산과 마찬가지로 토지 재산도 이윤을 내며 재생산되는 자본의 범주에 들어야 하는 시점이 틀림없이 도래한다. 게다가 이 역시 똑같은 산업적 운동의 결과이다. 그러므로 낭비적인 땅 주인도 자기 자본을 잠식하여 파산하거나, 아니면 스스로 자기 토지의 임차농, 즉 농업을 경영하는 산업가가 되어야 한다.

따라서 (프루동이 자본의 지양이자 자본의 사회화 경향으로 여기는) 금리 하락은 실은 곧 노동하는 자본의 낭비하는 부에 대한 완전한 승리의 징후, 즉 모든 사유재산의 **산업**자본으로의 전화일 따름이다. 이는 사유재산이 아직 **가상**의 측면에서는 지니고 있던 모든 인간적인 질에 대한 사유재산의 완전한 승리이자, 사유재산의 본질인 **노동**에 대한 사유재산 소유자의 온전한 예속이다.

물론 산업자본가도 향유한다. 그는 결코 욕구의 비자연적인 단순성으로 뒷걸음치지 않는다. 그러나 그의 향유는 생산에 종속되는 부차적인 일이자 휴양에 불과하며, 그것도 **계산된** 따라서 그 자체가 **경제적인** 향유에 불과하다. 그는 자신의 향유를 자본의 비용으로 덧붙이기 때문이다. 그래서 그는 자신이 낭비한 것을 이윤이 나는 자본 재생산을 통해 다시 보충할 정도까지만 향유 비용을 치를 수 있다. 그러므로 향유는 자본 안에 포함되고, 향유하는 개인은 자본을 축적하는 개인 안에 포함되는데, 과거에는 이와 정반대였다. 따라서 이자 하락이 자본 지양의 징후인 경우는, 오직 그것이 자본 지배 완성의 징후인 한에서, 소외가 그 자체를 완성함으로써 소외의 지양을 재촉한다는 징후인 한에서일 뿐이다. 사실 이는 존재하는 것이 그와 반대되는 것을 입증하는 유일한 방식이다.

그러므로 사치와 절약을 둘러싼 국민경제학자들의 논쟁은, 부의 본질을 명료하게 인식하는 국민경제학과 아직도 낭만적이고 반反산업적인 기억에 사로잡힌 국민경제학 간의 논쟁에 불과하다. 그러나 두 진영 모두 이 논전의 대상을 단순하게 표현할 줄 모르기 때문에, 서로 끝장을 보지 못한다.[17]

|XXXIV| 나아가 **지대**는 지대로서 무너진다. 지주가 유일하게 참된 생산자라는 중농주의의 주장과는 달리, 새로운 국민경제학은 오히려 지주 자체가 유일하게 전적으로 비생산적인 이자 생활자임을 입증했기 때문이다. 이에 따르면 농업은 자본가의 일이다.

---

17 원래는 여기서부터 헤겔에 관해 다루는 세 번째 논의가 이어지지만, 그 부분은 〈제3수고〉의 "6. 헤겔 변증법과 철학 일반에 대한 비판" 부분에 배치되었다.

자본가는 자기 자본을 농업에 사용하여 통상적 이윤을 기대할 수 있다면, 그렇게 하는 것이다. 그러므로 유일한 생산적 자산인 토지 재산만 국세를 납부해야 한다는, 따라서 유일하게 국세를 승인하고 국정에 참여해야 한다는 중농주의의 주장은, 지대에 부과하는 세금이 비생산적 소득에 부과하는 유일한 세금이라는, 따라서 국가의 생산에 해롭지 않은 유일한 세금이라는 정반대 규정으로 뒤집힌다. 이렇게 이해하면, 이제 지주가 주요 납세자라는 데서 그들의 정치적 특권이 나올 수 없다는 것도 자명해진다.

프루동이 자본에 대항하는 노동의 운동으로 이해한 모든 것은 자본의 규정, 즉 **산업자본**의 규정 내에서, 자본**으로서** 소비되지 않는, 즉 산업적으로 소비하지 않는 자본에 대항하는 노동의 운동일 뿐이다. 그리고 이러한 운동은 승리의 길을, 즉 **산업**자본의 승리의 길을 걷는다. 그러므로 **노동**을 사유재산의 본질로 이해해야, 비로소 국민경제의 운동 자체도 그 현실적 규정 속에서 통찰할 수 있음을 알 수 있다.

4 { 분업 } ✳

429 (국민경제학자에게 나타나는) **사회**는 **시민사회**[18]이다. 그 안에서 각 개인은 욕구들로 이루어진 하나의 전체이며, 그러한 각 개인은 오로지 |XXXV| 타인을 위해, 그리고 타인은 오로지 그 개인을 위해 존재한다. 이들이 서로에게 수단이 되기 때문이다. (정치가 **인권**을 다룰 때처럼)[19] 국민경제학자는 모든 것을 인간, 즉 개인으로 환원하며, 이를 통해 모든 규정을 털어내고 자본가 혹은 노동자로 고착시킨다.

분업은 소외 속에서 **노동의 사회성**이 국민경제학적으로 표현된 것이다. 달리 말하면 **노동**은 외화 속에서의 인간 활동의 표현,

---

18 '시민사회' 개념에 대해서는 36쪽 주석 6번을 참조하라.
19 마르크스는 이미 브루노 바우어의 저술에 대한 서평 〈유대인 문제에 관하여〉에서, 인권이 이기적 요구를 확보하는 권리에 불과하다고 간주하여 반대한다 (MEW, Bd. 1, 366쪽 참조).

삶의 외화로서의 삶의 발현의 표현일 뿐이므로, **분업**도 **실재하는 유적 활동**, 혹은 **유적 존재로서 인간의 활동**인 인간 활동의 **소외되고 외화된** 정립일 뿐이다.

국민경제학자들은 (**노동**을 **사유재산**의 **본질**로 인식한다면 당연히 부를 생산하는 주요 동인으로 이해해야 하는) **분업**의 **본질**에 관하여, 즉 **유적 활동으로서 인간 활동**의 이러한 **소외되고 외화된 형태**에 관하여 매우 불명료하고 서로 모순되게 이해한다.

애덤 스미스는 말한다. "**분업**의 원천은 인간의 지혜가 아니다. 그것은 생산물을 교환하고 서로 거래하려는 성향으로부터 나오는 필연적이고 더디며 단계적인 귀결이다. 이 거래 성향은 아마 이성과 언어의 사용에 따른 필연적 결과일 것이다. 이런 성향은 모든 사람에게 공통으로 있지만, 동물에게는 없다. 동물은 성체가 되면 제힘으로 살아간다. 사람은 다른 사람들의 원조가 끊임없이 필요한데, 다른 사람들이 오직 선의만으로 이런 원조를 해주리라고 기대하는 것은 헛되다. 다른 사람들의 개인적 이해관계에 호소하고, 그들에게 자신이 원하는 일을 해야 이익을 얻을 수 있다고 설득하는 편이 훨씬 확실할 것이다. 우리는 다른 사람들의 **인간성**이 아니라, **이기주의**에 말을 건다. 그들에게 결코 **우리의 욕구**에 대해 말하지 않고, 언제나 **그들의 이익**에 대해 말한다. (…) 그러니까 우리는 교환, 거래, 매매를 통해 서로에게 필요한 여러 이로운 도움을 주고받기 때문에, 이러한 **거래** 성향이야말로 **분업**의 원천이다. 예를 들어 수렵 부족이나 유목 부족 중에 특정인이 다른 사람보다 빠르고 능숙하게 활과 활시위를 만든다고 하자. 이 사람은 이런 일상적 노동으로 만들어낸 것을 종종 동료들이 가진 가축이나 사냥물과 교환한다. 그는 몸소 사냥을 나가기보다, 이러한 수단을 통하면 가축이나 사냥물을 더 쉽게 구할 수 있다는 사실을 곧 깨닫는다. 그래서 그는 이익을 타산해보고, 활 등을 만드는 일을 주업으로 삼는다. 개인 간의 **자연적 재능**의 차이는 분업의 **원인**이기보다는 **결과**이다. (…) 인간의 거래와 교환 성향이 없다면, 각자가 살면서 필요한 필수품과 편의품을 몽땅 자기 힘으로 마련해야 했을 것이다. 모든 사람이 **똑같은 일상적 노동**을 해야 하고, 유일하게 현격한 재능 차이를 낳을 수 있는 저 **현격한 직업 차이**도 없었을 것이다. (…) 이제 이러한 교환 성향은 사람들의 재능을 서로 다르게 만들 뿐만 아니라, 이런 차이를 유용하게 만든다. 많은 동물 품종들은 같은 종에 속하더라도 서로 다른 특성을 타고나는데, 이런 특성은 그 기질 면에서 미개한 인간들에게서 관찰할 수 있는 것보다 훨씬 두드러진다. 철학자와 집꾼 간의 타고난 재능 및 지능 차이는, 집개와 그레이하운드, 그레이하운드와 스패니얼, 스패니얼과 셰퍼드 간의 차이의 절반도 되지 않는다. 그렇지만 같은 종이라도 서로 다른 동물 품종들은 서로에게 거의 유용하지 않다. 가령 집개는 자신의 힘이라는 장점에

|XXXVI| 그레이하운드의 날렵함 등을 활용하여 무언가 덧붙일 수 없다. 상업이나 교환의 능력 혹은 성향이 없으므로, 이처럼 서로 다른 재능이나 지능 수준에서 나오는 효과는 공동체로 모일 수 없고, **종의 이익**이나 **공동의 편의**에 전혀 이바지할 수 없다. (…) 각 동물은 다른 동물들에게 의존하지 않으면서 자신을 유지하고 보호해야 한다. 각 동물은 자연이 같은 종의 동물들에게 나누어준 재능 차이로부터 어떠한 사소한 유용함도 끌어낼 수 없다. 이에 반해 사람들 사이에서는 아무리 이질적인 재능이라도 서로에게 유용하다. 각각의 산업 부문에서 만든 **서로 다른 생산물**은 이러한 상업과 교환의 일반적 성향을 통하여 이른바 공동 자산으로 들어가서, 각각의 사람들이 자신의 욕구에 따라 타인의 산업에서 만든 생산물의 일정 부분을 구매할 수 있기 때문이다. **분업**의 원천은 이러한 **교환** 성향이므로, **분업의 증대**는 항상 **교환 능력**의 **범위**에, 달리 말하면 **시장의 범위**에 제약받는다. 시장이 너무 협소하면, 누구에게도 단 하나의 직업에 종사하라고 장려할 수 없을 것이다. 그런 상황에서는, 자신의 노동 생산물 중 자기가 소비하는 것 이상의 잉여를, 타인의 노동 생산물의 동등한 잉여 중에서 자신이 얻고자 하는 것과 교환할 수 없기 때문이다." 이에 비해 **발전된** 상태에서는 "각각의 사람들이 교환을 통해 살아가고, 일종의 **상인**이 되며, **사회 자체**도 실상 **상업** 사회가 된다. (데스튀트 드 트라시를 참조하라. 사회는 일련의 상호 교환이고, 사회의 본질 전

431

체가 **상업** 속에 있다.) (…) 분업과 함께 자본 축적도 늘어나고, 그 역도 마찬가지이다."

여기까지 애덤 스미스의 말이다.

"각각의 가족이 그들이 소비하는 대상을 전부 생산한다면, 어떠한 종류의 교환도 일어나지 않더라도 사회는 굴러갈 수 있다. 교환은 **근본적이지는 않더라도**, 우리의 발전된 사회 상태에서는 필수 불가결하다. 분업은 인간의 힘을 적절하게 사용하는 것이다. 그러니까 분업은 사회의 생산, 힘, 향유를 늘리지만, 개인적으로 보면 각각의 사람들이 지닌 능력을 빼앗거나 줄인다. 교환 없이 생산은 이루어질 수 없다."

여기까지 J. B. 세의 말이다.

"인간이 타고나는 힘은 지능 그리고 노동을 위한 신체적 소질이다. 이에 비해 사회적 상태에서 유래하는 힘은 **노동을 분할**하여 **서로 다른 노동을 서로 다른 사람에게 배분**하는 능력, (…) **상호 간에 봉사**를 교환하고 이를 위한 수단인 생산물을 교환하는 **능력**이다. (…) 인간이 다른 인간에게 봉사하는 동기는 사적 이익이다. 인간은 다른 인간에게 제공한 봉사에 대해 보상을 요구한다. 배타적 사유재산의 권리는 인간 사이에 교환이 정착되기 위해 필수 불가결하다." "교환과 분업은 서로의 조건이다."

여기까지 스카르베크Fryderyk Skarbek의 말이다.
밀은 발전된 교환인 **상업**을 분업의 **결과**라고 서술한다.

"인간의 활동은 아주 단순한 요소들로 환원될 수 있다. 인간은 실은 움직임을 만들어내는 일밖에 할 수 없다. 그는 물건들을 서로 멀리 두거나 |XXXVII| 가까이 두기 위해 움직일 수 있다. 그 나머지 일을 하는 것은 물질의 특성이다. 우리는 노동과 기계를 사용할 때, 적절하게 배분하고, 서로 방해하는 공정들을 분리하고, 어떤 식으로든 서로 촉진할 수 있는 공정들을 다 통합하면, 효율이 높아질 수 있음을 종종 알게 된다. 일반적으로 인간은 수많은 서로 다른 공정들을 똑같은 속도와 숙련도로 수행할 수 없고, 습관을 통해 소수 공정을 실행할 능력만 익힐 수 있기 때문에, 각 개인에게 맡기는 공정의 수를 가능한 한 줄이는 일은 늘 이득이다. 가장 유리한 방식으로 노동을 분할하고 인간과 기계의 힘을 배분하려면, 많은 경우에 대규모 작업, 달리 말하면 부의 대량 생산이 필요하다. 대공장은 이러한 이득 때문에 생기는데, 때로는 그중에서도 유리한 조건하에 세워진 소수 공장에서 생산한 대상들은 한 나라뿐 아니라 여러 나라에서 요구하는 양만큼 공급된다."

432

여기까지 밀의 말이다.

그러나 모든 근대 국민경제학은 분업과 풍요로운 생산이 서로의 조건이고, 분업과 자본 축적이 서로의 조건이라는 데에 의견이 일치하고, 마찬가지로 **자유로워져서** 방임된 사유재산만이 가장 유용하고 포괄적인 분업을 낳을 수 있다는 데에 의견이 일치한다.

애덤 스미스의 논리 전개는 다음과 같이 요약할 수 있다. 분업은 노동에 무한한 생산력을 부여한다. 그것은 **교환** 및 **거래**의 **성향**에 토대를 두는데, 인간에게 특유한 이런 성향은 아마 우연적이지 않고 이성과 언어의 사용에 의해 조건 지어질 것이다. 교환하는 인간의 동기는 **인간성**이 아니라 **이기주의**이다. 인간 재능의 다양성은 분업, 즉 교환의 원인이 아니라 결과이다. 또한 분업이 비로소 이런 차이를 유용하게 만든다. 어떤 동물 종의 다양한 품종 각각이 지닌 특수한 특성들은 본질적으로 인간 간의 소질과 활동의 차이보다 뚜렷하다. 그러나 동물은 **교환** 능력이 없으므로, 같은 종이지만 품종이 다른 동물들의 특성 차이는 어떠한 개별 동물에게도 유용하지 않다. 동물은 그 종의 서로 다른 특성을 결합할 능력이 없다. 이런 특성들은 그 종의 **공동의** 이익과 편의에 이바지할 수 없다. 이는 꽤 이질적인 재능과 활동 방식이 서로에게 쓸모 있는 **인간**과 다른 점이다. 인간은 **다양한** 생산물을 공동 자산에 한데 모으고, 각자가 그중 어떤 것을 구매할 수 있기 **때문이다**. 분업은 **교환** 성향에서 유래했을 뿐 아니라, **교환**과 **시장**의 **범위**에 따라 성장하고 제한된다. 발전된 상태에서는, 모든 사람이 **상인**이고 사회는 **상업 사회**이다.

세는 **교환**이 근본적이지 않고 우연적이라고 본다. 사회는 교환 없이도 존속할 수 있다. 발전된 사회 상태에서는 교환이 필수 불가결해진다. 그래도 **교환 없이는 생산**이 이루어질 수 없다. 분업은 **편리하고 유용한** 수단이자 사회적 부를 위한 인간 능력의 적절한 사용이지만, **개인적으로**는 **각각의 사람들의 능력**을 감퇴시킨다. 이 마지막 언급은 세가 한발 더 나아간 점이다.

스카르베크는 **인간이 타고나는 개인적** 힘, 즉 지능 그리고 노동을 위한 신체적 소질을, 사회로부터 **유래하는** 힘, 즉 서로를 조건 짓는 **교환** 및 **분업**과 구별한다. 그러나 교환의 필연적 전제는 **사유재산**이다. 스미스, 세, 리카도 등이 **이기주의**와 **사적 이익**이 교환의 근거라고 말하거나, **거래**가 교환의 **본질적**이고 **적절한** 형식이라고 말할 때 염두에 두는 바를, 스카르베크는 여기에서 객관적 형식으로 표현한다.

밀은 **상업**이 **분업**의 결과라고 서술한다. 그가 보기에 **인간 활동**은 **기계적 운동**으로 환원되며, 분업과 기계 사용은 풍요로운 생산을 촉진한다. 우리는 각각의 사람들에게 맡기는 공정의 범위를 최소화해야 한다. 한편 분업과 기계 사용은 부의 대량 생산, 즉 생산물의 대량 생산을 전제로 한다. 이것이 대공장의 기초이다.

|XXXVIII| **분업**과 **교환**에 관한 고찰은 더없이 흥미롭다. 이는 **유적** 활동과 본질적 힘으로서의 인간의 **활동과 본질적 힘이 뚜렷하게 외화된** 표현이기 때문이다.

433

분업과 **교환**의 토대가 **사유재산**이라는 것은, **노동**이 사유재산의 본질이라는 주장과 다름없다. 이는 국민경제학자가 증명할 수 없으므로, 우리가 그를 대신해 증명하려는 주장이다. 바로 **분업과 교환**이 사유재산이 나타나는 형태들이라는 점은, 한편으로 **인간의 삶**이 자신을 현실화하기 위해서는 **사유재산**을 필요로 한다는 사실, 다른 한편으로 이제 인간의 삶이 사유재산의 지양을 필요로 한다는 사실을 모두 증명한다.

분업과 **교환**은 국민경제학자가 자기 학문의 사회성을 주장하는 동시에, 자기 학문의 모순, 즉 비사회적 특수 이해를 통해 사회를 근거 지으려는 모순을 무의식적으로 표현하는 두 가지 **현상**이다.

우리가 고찰해야 하는 계기들은 다음과 같다. 우선 (이기주의를 토대로 하는) **교환**의 **성향**은 분업의 토대이거나 분업과 상호작용한다고 고찰된다. 세는 교환이 사회의 존재에 **근본적**이지 않다고 보았다. 부와 생산은 분업과 교환으로 설명된다. 분업 탓에 개인의 활동은 빈곤해지고 본질을 잃는다고 인정된다. 교환과 분업이 **인간 재능의** 커다란 **다양성**을 낳는다고 인정되는데, 이런 다양성은 다시 교환과 분업 덕분에 **유용**해진다. 스카르베크는 인간의 생산력 혹은 생산적인 본질적 힘을 두 부분으로 나눈다. 1) 인간이 타고나는 개인적 힘, 즉 그의 지능 및 특수한 노동 성향이나 능력, 2) (현실적인 개인이 아닌) 사회에서 **파생되는** 힘, 즉 분업과 교환. 나아가 분업은 **시장**에 의해 제약된다. 인간 노동은 단순한 **기계적**

운동이다. 주요한 일은 대상의 물질적 특성이 수행한다. 개인에게 배분되는 공정은 가능한 한 최소화해야 한다. 노동의 분할과 자본의 집중. 개인적 생산의 공허함과 부의 대량 생산. 자유로운 사유재산이 분업에서 지니는 의의.[20]

---

20 원래는 39~40쪽에 내용이 이어지지만, 이 부분은 편집 과정에서 〈서문〉으로 배치되었다.

5 { 화폐 } ✳

434 |XLI| 인간의 **감각**이나 정동〔겪음〕 등이 고유한 의미에서 인간학적 규정일 뿐만 아니라 진정으로 본질〔자연〕의 **존재론적** 긍정이라면, 그리고 이것들에 대한 **대상**이 **감각적으로** 존재할 때만 참되게 긍정된다면, 다음은 자명하다. 1) 이것들은 결코 똑같은 한 가지 방식으로 긍정되지 않으며, 오히려 긍정의 다양한 방식이야말로 이것들의 현존과 삶을 이루는 특성이다. 즉 이것들에 대해 대상이 존재하는 방식은, 이것들이 **향유**하는 특유한 방식이다. 2) 감각적 긍정이 자립적 형식의 대상을 직접적으로 지양하는 경우(그 대상을 먹거나 마시거나 가공하는 등의 경우)에, 이것은 대상에 대한 긍정이다. 3) 인간이 **인간적**이고 따라서 인간의 감각 등도 **인간적**이라면, 다른 인간의 대상에 대한 긍정도 그 자신의 향유이다. 4) 산업의 발전을 통해서, 즉 사유재산의 매개를 통해서, 비로소 인간적 정동〔겪음〕의 존재론적 본질이 그 총체성과 인간성이라는 양 측면

에서 생성된다. 그러므로 인간의 학문은 그 자체가 인간의 실천적 자기 현시의 산물이다. 5) 소외에서 풀려난 사유재산의 의미는, **본질적 대상들**이 인간에게 향유의 대상이자 활동의 대상으로 **현존**한다는 것이다.

 화폐는 모든 것을 사고 모든 대상을 전유한다는 **속성** 때문에, 특출한 의미의 **대상**이다. 화폐 **속성**의 보편성은 화폐 존재의 전능함이다. 그래서 화폐는 전능한 존재로 간주된다. 화폐는 욕구와 대상을 맺어주고, 인간의 생활과 생활수단을 맺어주는 **뚜쟁이**이다. 하지만 나에게 **나의** 생활을 매개하는 것은, 또한 **나에게** 나에 대한 다른 사람의 현존도 **매개한다**. 나에게 그것은 **다른** 인간이다.

"제기랄! 물론 손과 발
또 머리와 엉덩이야 당신 것이죠!
그렇다고 내가 생생하게 누리는 모든 것이
내 것이 아니란 말인가요?

내가 종마 여섯 필 값을 치를 수 있다면
이들의 힘은 내 것 아닌가요?
나는 빠르게 달리는 진짜 사내인 거죠,
마치 다리가 스물네 개 있는 것처럼."
— 괴테, 《파우스트》 중 메피스토펠레스의 대사[21]

셰익스피어는 《아테네의 타이먼》에서 이렇게 말한다.

"금? 귀중하고 휘황한 순금? 아니, 신들이여!
나의 탄원은 헛되지 않으리니.
이만큼 있으면 검은 것도 희게 만들고 추한 것도 아름답게 만들지,
나쁜 것을 좋게, 늙은 것을 젊게, 비겁한 것을 용감하게, 천한 것을 귀하게.
이것은 사제를 제단에서 (…) 꾀어내고,
반쯤 나아가는 병자에게서 베개를 빼앗아버리지.
그래, 이 누르스레한 노예는 신성한 끈을
풀거나 묶고, 저주받은 자에게 축복을 내리네.
문둥병자를 사랑스럽게 만들고, 도둑을 숭배하여
원로원에서 그에게 작위를 내리고
그 앞에 무릎 꿇고 세력을 부여하네.
늙은 과부에게 청혼하게 하고,
양로원에서 궤양으로 끔찍하게 곪아가는 그녀를
메스껍지만 향유로 회춘시켜
봄날의 젊음으로 만들어 내보내네. 저주받은 금속,

---

21 괴테의 《파우스트 Faust》 1부 4장의 서재 장면 속 악마 메피스토펠레스의 대사이다.

그대, 민족을 모욕하는,
인류 공동의 창녀여."

그리고 뒤에서 이렇게 말한다.

"그대, 달콤한 국왕 시해자, 아들과 아버지를 갈라놓는
고귀한 자! 부부의 순결한 침상을 더럽히는
반짝이는 자! 용맹한 군신軍神 마르스여!
그대, 영원히 꽃피는 부드럽고 사랑스러운 구애자,
달의 여신 디아나의 순결한 무릎 위
경건한 눈(雪)을 녹이는 누르스레한 빛! **보이는 신,
불가능한 것들**을 가깝게 맺어주고
억지로 입맞춤시키는 그대! 그대는 온갖 언어로,
|XLII| 온갖 목적으로 말하네! 오, 그대, 마음을 시험하는 시금석이여!
잊지 말라, 그대의 노예, 인간이 항거한다!
당혹한 그들을 그대 힘으로 모조리 **절멸하여**,
짐승이 이 세상을 다스리게 하라!"[22]

셰익스피어는 화폐의 본질을 적확하게 묘사한다. 그를 이해하기

---

22 윌리엄 셰익스피어, 《아테네의 타이먼 Timon of Athens》, 4막 3장.

위해, 먼저 괴테의 문장부터 해석해보자.

내가 **화폐**를 통해 갖는 것, 내가 값을 치르고 갖는 것, 즉 화폐로 살 수 있는 것이 곧 **나이고** 화폐 소유자 자체이다. 화폐의 힘이 클수록, 나의 힘도 크다. 화폐의 속성은 (그 소유자인) 나의 속성이자 본질적 힘이다. 따라서 내가 누구**이고** 무엇을 **할 수 있는가**를 결정하는 것은 결코 나의 개인성이 아니다. 나는 추**하더라도**, **가장 아름다운** 여성을 살 수 있다. 그러므로 나는 **추하지** 않다. **추함**의 영향, 그 경악시키는 힘은 화폐를 통해 사라진다. 나는 (나의 개인성에 있어서는) **다리를 절더라도**, 화폐는 내게 스물네 개의 다리를 장만해준다. 그러므로 나는 다리를 절지 않는다. 내가 못되고 부정직하고 양심이 없고 우둔한 사람이더라도, 화폐는 숭배받기에 그 소유자도 숭배받는다. 화폐는 가장 훌륭하며, 따라서 그 소유자도 훌륭하다. 게다가 화폐는 내가 부정직해서 겪는 곤란에서 나를 건져내므로, 나는 신망을 얻는다. 내가 **우둔하더라도**〔정신이 결핍되더라도 geistlos〕, 화폐가 모든 사물의 **진정한 정신**이라면, 그 소유자가 어찌 우둔할 수 있겠는가? 나아가 그는 자신을 위해 영리한〔정신이 풍부한 geistreichen〕 사람들도 살 수 있는데, 그렇다면 영리한 사람에 대한 권력을 누리는 사람은 영리한 사람보다 더 영리하지 않겠는가? 내가 화폐로 인간의 마음이 동경하는 **모든 일**을 할 수 있다면, 나는 모든 인간 능력을 소유하는 것 아니겠는가? 그러니까 나의 화폐는 나의 모든 무능을 그 반대로 전환하지 않겠는가?

화폐가 나를 **인간적** 생활과 맺어주고, 사회를 나와 맺어주며,

나를 자연 및 인간과 맺어주는 끈이라면, 화폐는 모든 **끈** 중의 끈 아니겠는가? 그것은 모든 끈을 풀 수도 묶을 수도 있지 않겠는가? 그러므로 그것은 또 일반적인 **분리 수단** 아니겠는가? 그것은 사회의 **진정한 연결 수단**이자 **전기화학적** 힘일 뿐 아니라, 진정으로 **분리하는 주화**鑄貨이다.

셰익스피어는 특히 화폐의 두 가지 속성을 강조한다.

1) 화폐는 보이는 신이며, 모든 인간적·자연적 속성을 그 반대로 전화시키고, 사물을 일반적으로 혼동하고 전도한다. 그것은 불가능한 것들을 서로 맺어준다.

2) 화폐는 일반적인 창녀이자, 인류와 민족들에게는 일반적인 뚜쟁이이다.

화폐는 모든 인간적·자연적 특질을 전도하고 혼동하며, 불가능한 것들을 (**신적인** 힘으로) 서로 맺어주는데, 이러한 화폐의 **본질**은 소외시키고 외화하고 자신을 양도하는 인간의 **유적 본질**이다. 화폐는 **인류**의 외화된 **능력**이다.

나는 **인간**으로서 할 수 없는 일, 즉 나의 어떠한 개인적인 본질적 힘으로도 할 수 없는 일을 **화폐**를 통해 할 수 있다. 그러니까 화폐는 이 모든 본질적 힘을 그 자체는 본질적 힘이 아닌 것, 즉 본질적 힘에 **반대되는 것**으로 만든다.

내가 어떤 음식을 갈망하거나, 걸어갈 만큼 튼튼하지 않아서 우편 마차가 필요하다면, 화폐는 음식과 우편 마차를 마련해준다. 다시 말해 화폐는 표상으로 존재하던 내 소망을 변환한다. 사유되고 표상되고 의욕되는 현존이던 내 소망을 **감각적이고 현실적인** 현존으로 번역하고, 표상이던 그것을 삶으로, 표상된 존재이던 그것을 현실적 존재로 번역한다. 이러한 매개로서의 화폐는 **진정 창조적인** 힘이다.

물론 돈 없는 사람에게도 **수요**는 존재하지만, 그 수요는 나에게, 제3자에게, 타인에게 |XLIII| 아무런 영향도 미치지 못하고 전혀 존재하지 않으며, 따라서 나 스스로에게도 계속해서 **비현실적이고 비非대상적**으로 존재할 뿐이다. 화폐에 기초해 있는 유효한 수요와 나의 욕구·정동·소망 따위에 기초해 있는 유효하지 않은 수요의 차이는, **존재**와 **사유**의 차이, 내 안에만 **존재하는** 한낱 표상과 나에게 내 밖의 **현실적 대상**으로서 존재하는 표상의 차이이다.

나에게 여행할 돈이 없다면 **욕구**도, 즉 여행하려는 현실적이고 현실화되는 욕구도 없는 것이다. 내게 연구에 대한 **소명**은 있지만 그럴 돈이 없다면, 내게는 연구의 소명이 **없고**, 따라서 어떠한 **유효하고 진정한** 소명도 없는 것이다. 이에 비해 내게 실은 연구에 대한 소명이 **없어도**, 의지 **그리고** 돈이 있다면, 연구를 할 **유효한** 소명이 있는 것이다. **화폐**는 (인간으로서의 인간 혹은 사회로서의 인간 사회로부터 유래하지 않은 외적이고 일반적인) **수단**이자 **능력**으로서, **표상을 현실로 만들고 현실을 한낱 표상으로** 만든다. 이러한 화폐는 **인간과 자연의 현실적인 본질적 힘**을 한낱 추상적 표상으로, 즉 **불완전함과 괴로운 망상**으로 변환할 뿐 아니라, 마찬가지로 **현실적인 불완전함과 망상**, 즉 개인의 상상에만 존재하는 무기력한 본질적 힘을 **현실적인 본질적 힘과 능력**으로 변환한다. 그러니까 이러한 규정에 따르더라도, 화폐는 이미 **개인성**의 일반적 전도이며, 이는 개인성을 그 반대의 것으로 바꾸고 개인성의 속성에 그와 상충하는 속성을 덧붙인다.

그러므로 화폐는 개인을 거스를 뿐 아니라, 그 자체로 **본질적**이라고 자처하는 사회적 끈 및 그 밖의 끈을 거슬러 **전도하는** 힘으로 나타난다. 화폐는 신의를 배신으로, 사랑을 미움으로, 미움을 사랑으로, 미덕을 악덕으로, 악덕을 미덕으로, 종을 주인으로, 주인을 종으로, 우둔함을 똑똑함으로, 똑똑함을 우둔함으로 바꾸는 것이다.

존재하며 활동하는 가치의 개념으로서 화폐는 만물을 혼동하고 바꿔치므로, 만물의 일반적 **혼동**이자 **바꿔치기**이며, 따라서 세계의 전도이고 모든 자연적·인간적 특질의 혼동이자 바꿔치기이다.

용감함을 살 수 있는 사람은 비겁하더라도 용감하다. 화폐는 하나의 특정한 사물 혹은 특정한 인간적인 본질적 힘과 교환되지 않고, 인간적·자연적 대상 세계 전체와 교환되므로, (소유자의 관점에서 볼 때) 모든 속성을 모든 (심지어 모순적인) 속성 및 대상과 교환한다. 그것은 불가능한 것들을 맺어주고, 모순되는 것들을 억지로 입맞춤하게 한다.

인간이 **인간**이라고 전제하고, 인간이 세계와 맺는 관계가 인간적 관계라고 전제한다면, 그대는 사랑을 오직 사랑으로만, 신뢰를 오직 신뢰로만 교환할 수 있다. 그대가 예술을 향유하기를 원한다면, 예술적 교양이 있는 사람이어야 한다. 다른 사람에게 영향을 주고 싶다면, 진정으로 다른 사람을 자극하고 촉진하는 영향력이 있는 사람이어야 한다. 그대가 인간이나 자연과 맺는 모든 관계는 그대 의지의 대상에 적합한, 그대의 **현실적이고 개인적인 삶의 특정한 발현**이어야 한다. 상대를 사랑하더라도 상대의 사랑을 불러일으키지 못한다면, 즉 그대의 사랑이 사랑으로서 상대의 사랑을 산출하지 못한다면, 사랑에 빠진 사람의 **삶의 발현**을 통해 그대를 **사랑받는 사람**으로 만들지 못한다면, 그대의 사랑은 무력하며 하나의 불행이다.

6 { 헤겔 변증법과 철학 일반에 대한 비판 }

|XI| 6)²³ 이 지점에서 아마 헤겔 변증법 일반, 특히 《정신현상학》과 《논리학》에서 전개된 변증법, 그리고 마지막으로 최근의 비판 운동과의 관계를 이해하고 평가하기 위해 몇 가지를 언급해야 할 것이다.

오늘날 독일의 비판은 낡은 세계의 내용에 지나치게 골몰한 채 그 소재에 얽매여 전개되어왔기 때문에, 비판하는 방법에 대해서는 전적으로 무비판적 태도를 보였으며, **형식적으로 보이지만** 실은 **본질적인** 물음을 도무지 의식하지 못했다. 그것은 지금 우리가 헤겔 **변증법**과 맺는 관계에 관한 물음이다. 오늘날의 비판이 헤겔

---

23 이어지는 부분은 마르크스의 육필 원고에서는 〈제3수고〉의 "2. 사유재산과 공산주의" 말미에 포함되어 있었지만, 〈서문〉의 예고에 따라 헤겔을 논의하는 이 자리에 배치되었다. 따라서 번호 "6)"은 원래 맥락에서 따로 떨어져 나온 것이다.

철학 일반과, 특히 변증법과 맺는 관계에 대하여 너무 의식하지 않기 때문에, 슈트라우스David Friedrich Strauß와 브루노 바우어 같은 비판자는 적어도 잠재적으로는 여전히 헤겔의 논리학에 갇혀 있었다. 슈트라우스는 완전히 그랬고, 브루노 바우어는 (슈트라우스에 맞서, "추상적 자연"의 실체를 추상적 인간의 "자기의식"으로 대체하는) 《공관복음사가共觀福音史家》[24]에서, 그리고 심지어 《폭로된 기독교》[25]에서도 그랬다. 그리하여 예를 들어 《폭로된 기독교》에서는 다음과 같이 말한다.

> "자기의식은 세계를 정립함으로써 자기 자신과 차이 나는 것을 정립하고, 그것이 산출하는 것 안에서 자기 자신을 산출하며, 또한 산출된 것과 자기 자신의 차이를 다시 지양하지 않겠는가. 오로지 산출과 운동 속에서만 자기 자신이기 때문에, 자기의식의 목적은 이런 운동이 아니겠는가" 운운. 혹은 "그들(프랑스 유물론자들)은 우주의 운동이 자기의식의 운동일 때, 비로소 그 자체에게 현실적으로 생성되고 그 자체와 통일을 이룬다는 것은 미처 볼 수 없었다."

이런 표현은 그 용어부터 헤겔의 견해를 문자 그대로 반복할 뿐,

---

[24] Bruno Bauer, *Kritik der evangelischen Geschichte der Synoptiker*, Bd. l, Leipzig, 1841.
[25] Bruno Bauer, *Das entdeckte Christentum*, Zürich und Winterthur, 1843.

어떤 차이도 보여주지 않는다.

|XII| 바우어는 비판 행위(바우어,《공관복음사가》) 중에 헤겔 변증법과의 관계를 거의 의식하지 않았고, 이러한 소재에 대한 비판 행위 이후에도 그에 대한 의식이 거의 생겨나지 않았다. 이 점은 그루페Otto Friedrich Gruppe가 그에게 던진 "그렇다면 논리학은 어떠한가?"라는 도발적 질문을, 《자유의 좋은 점》[26]에서 장래의 비판자들이 답할 일이라며 묵살하는 데에서도 입증된다.

그러나 아직까지도, 즉 포이어바흐가 《일화집》에 실린 〈철학 개혁 테제〉에서 그리고 상세하게는 《미래의 철학》에서 낡은 변증법과 철학을 그 맹아부터 뒤집어버린 후에도, 그리고 그에 비해 이런 위업을 이룰 수 없었던 저 비판이 이에 맞서서 그 자체가 '온전하고 결정적이고 절대적이며 그 자체를 명료하게 이해하는 비판'이라고 선언하는 위업을 이룬 후에도, 또 비판이 유심론적인 오만을 드러내면서 모든 역사의 운동을 (비판과 대립하는 '대중' 범주에 들어가는) 나머지 세계가 비판 자체와 맺는 관계로 환원하고, 모든 교리상 대립을 자신의 영리함과 세계의 우둔함 또는 비판적 그리스도와 '**무리**'로서의 인류라는 **하나의** 교리상 대립으로 해소해버린 후에도, 나아가 대중의 우매함에 견주어 비판 자체가 탁월함을 날마다 매시간 입증한 후에도, 드디어 비판이 타락해가

---

26 Bruno Bauer, *Die gute Sache der Freiheit und meine eigene Angelegenheit*, Zürich und Winterthur, 1842.

는 전 인류가 그 앞에 모여 여러 집단으로 갈라지고 각각의 무리가 저마다 빈곤 증명서를 발부받을 그날이 다가오고 있다는 식으로 비판적인 **최후의 심판**을 고지한 후에도, 또한 비판이 인간적 감각과 세계를 넘어서는 초연함을 활자로 공표하고서 초연한 고독에 잠긴 채 왕좌에 앉아 그저 간간이 냉소적인 입술 사이로 올림포스 신들 같은 웃음을 인간적 감각과 세계에 대해 터뜨린 후에도, 결국 비판이라는 형식 아래 빈사 상태에 빠진 (청년헤겔주의의) 관념론이 이 모든 우스운 짓들을 벌인 후에도, 비판은 여전히 그의 어머니인 헤겔 변증법과 비판적으로 대결해야 한다는 예감조차 드러내지 않았을뿐더러, 포이어바흐의 변증법에 대한 비판적 관계 또한 드러낼 수 없었다. 그것은 전적으로 비판 그 자체에 대해 무비판적인 태도이다.

포이어바흐는 헤겔 변증법에 대해 **진지하고 비판적인** 태도를 보이고 이 영역에서 진정한 발견을 이룬 유일한 사람이며, 일반적으로 말하자면 낡은 철학의 진정한 극복자이다. 포이어바흐가 이룬 업적의 위대함과 이를 떠들썩하지 않고 소박하게 세상에 내놓았다는 점은, 그와 반대되는 경우와 놀라운 대조를 이룬다.

포이어바흐의 위대한 업적은 다음과 같다. 1) 철학은 종교를 사유로 들여온 것이자 종교를 사유를 통해 실행한 것에 불과하며, 따라서 종교와 마찬가지로 인간 본질의 소외의 다른 형식이자 현존 방식이라는 유죄판결을 받아야 한다는 것을 입증했다.

2) 또한 사회적 관계, 즉 '인간과 인간의' 관계를 이론의 근본

원리로 삼음으로써, **진정한 유물론**과 **실제적 학문**을 세웠다.

3) 절대적으로 긍정적인 것이라 주장하는 부정의 부정에 대하여, 그 자체에 머물고 긍정적으로 그 자체에 토대를 두는 긍정적인 것을 대립시켰다.

포이어바흐는 헤겔 변증법을 다음과 같이 설명한다(그리고 이를 통해 긍정적인 것, 즉 감각적으로 확실한 것으로부터의 출발을 정초한다).

〔첫째,〕 헤겔은 실체의 소외(논리학에서는 무한한 것, 추상적으로 일반적인 것)에서, 절대적이고 고정된 추상에서 출발한다. 즉 대중적으로 표현하면, 종교와 신학에서 출발한다.

둘째, 그는 무한한 것을 지양하고, 현실적인 것·감각적인 것·실제적인 것·유한한 것·특수한 것을 정립한다. (이는 철학이자, 종교와 신학의 지양이다.)

셋째, 그는 긍정적인 것을 다시 지양하여, 추상과 무한한 것을 복원한다. 이는 종교와 신학의 복원이다.

그러므로 포이어바흐는 부정의 부정이 **단지** 철학의 그 자체와의 모순에 불과하다고 이해한다. 다시 말해 신학(초월 등)을 부정한 후에 다시 긍정하는 철학, 따라서 그 자체와의 대립 안에서 긍정하는 철학이라고 이해한다.

부정의 부정에 놓여 있는 정립 또는 자기 긍정과 자기 확인은 아직 그 자신을 확신하지 못해서 자신의 대립을 떠안은 정립, 자기 자신을 의심해서 증명이 필요한 정립, 즉 자신의 현존에 의해

자기 자신을 증명하지 않았고 승인되지도 않은 |XIII| 정립으로 간주된다. 따라서 감각적으로 자기 자신에 토대를 두는 정립이 그에 대해 직접적이고 무매개적으로 대립한다.

또 포이어바흐는 부정의 부정, 즉 구체적 개념을 사유 속에서 그 자체를 능가하는 사유로, 그리고 직접적인 직관, 자연, 현실이 기를 의지하는 사유로 파악한다.

그러나 헤겔은 부정의 부정을 그 안에 놓인 긍정적 연관에서 보면 진정하고 유일하게 긍정적인 것으로, 그 안에 놓인 부정적 연관에서 보면 모든 존재의 유일하게 참된 행위이자 자기활동 행위로 파악했기 때문에, 그는 역사의 운동에 대한 **추상적이고 논리적이며 사변적인** 표현만을 보았다. 이는 아직까지는 전제된 주체인 인간의 **현실적** 역사가 아니라, 단지 인간의 **산출 행위**이자 인간 **발생의 역사**일 따름이다. 우리는 추상적 형식을 해명할 뿐 아니라, 헤겔에서의 이런 운동과 최근의 비판인 포이어바흐의 《기독교의 본질 Das Wesen des Christentums》에서의 동일 과정 사이의 차이를 해명할 것이다. 혹은 더 정확히 말하면, 헤겔에게서는 아직 무비판적이던 이 운동의 **비판적** 형태를 해명할 것이다.

헤겔의 체계를 일별해보자. 우리는 헤겔 철학의 진정한 발상지이자 비밀인 헤겔의 《정신현상학》부터 시작할 것이다.

《정신현상학》[27]

A) **자기의식**

I) **의식** α) 감각적 확신, 혹은 이것과 **사념**私念. β) **지각**, 혹은 속

성들을 지닌 사물 그리고 **착각**. γ) 힘과 오성, 현상과 초감각적 세계.

II) **자기의식**. 자기 확신의 진리. a) 자기의식의 자립성과 비자립성, 지배와 예속. b) 자기의식의 자유. 스토아주의, 회의주의, 불행한 의식.

III) **이성**. 이성의 확신과 진리. a) 관찰하는 이성, 자연의 관찰과 자기의식의 관찰. b) 이성적 자기의식의 자기 자신을 통한 실현. 쾌락과 필연성. 마음의 법칙과 자만의 망상. 덕성과 세상 행로. c) 즉자적·대자적으로 실재하는 개체성. 정신적인 동물의 왕국과 기만, 혹은 사태 그 자체. 법칙 수립적 이성. 법칙 검증적 이성.

B) **정신**

I) **참다운** 정신, 인륜성. II) 자기소외된 정신, 교양. III) 자기 자신을 확신하는 정신, 도덕성.

C) 종교. **자연**종교, **예술**종교, **계시**종교.

D) **절대지**.

헤겔의 《철학대계 Enzyklopädie der philosophischen Wissenschaften》는 논리학 즉 **순전한 사변적 사유**로 시작하여, **절대지** 즉 자기를 의식하고 자기 자신을 포착하는 철학적 정신 **혹은** 절대정신인 초인간적인 추상적 정신으로 끝나므로, 그 전체가 철학적 정신의 **펼쳐진 본질** 혹은 자기 대상화에 불과하다. 그리고 철학적 정신은 세계의 소외된 정신이 자기소외 안에서 사유하고 추상적으로 자신을

---

27 뒤이어 《정신현상학》의 주요 장과 절의 제목이 나열된다.

포착하는 것일 따름이다. 정신에서 통용되는 **화폐**이자 인간 및 자연이 사변이나 **사유에서 지니게 되는 가치**로서 **논리학**의 본질은, 모든 현실적 규정에 전적으로 무심한, 따라서 비현실적인 본질이다. 논리학은 **외화된** 사유이고, 따라서 자연과 현실적 인간을 도외시하는 **사유**, 즉 **추상적** 사유이다. 이러한 **추상적 사유의 외부**, 이러한 추상적 사유와 마주하여 존재하는 **자연**. 자연은 추상적 사유의 외부에 있고, 추상적 사유의 자기상실이다. 그리고 추상적 사유도 자연을 추상적 사고로서, 그러나 외화된 추상적 사고로서 외적으로 포착한다. 드디어 **정신**, 자신의 발상지로 귀환하는 이 사유는 인간학적·현상학적·심리학적·인륜적·예술적·종교적 정신인데, 아직은 그 자체만으로는 타당하지 않다. 정신이 마침내 **절대**지로 존재하기 전까지는, 따라서 절대적 정신, 즉 추상적 정신으로 있으면서 자신을 긍정하고, 자신에게 의식되며, 자신에게 상응하는 현존을 얻기 전까지는. 정신의 현실적 현존은 **추상**이기 때문이다.

헤겔은 두 가지 오류를 범한다.

첫 번째 오류는 헤겔 철학의 발상지인 《정신현상학》에서 가장 명확하게 드러난다. 그가 가령 부나 국가권력 등을 **인간** 존재로부터 소외된 존재로 파악할 때, 이는 사고 형식 속에서 이루어질 따름이다. 이것들은 사상적 존재이므로, 저 소외는 그저 **순수한**, 즉 추상적인 철학적 사유에서의 소외에 불과하다. 그러므로 이러한 전체 운동은 절대지에서 끝난다. 이런 대상들은 바로 추

상적 사유로부터 소외되는 것이자, 추상적 사유에 맞서 현실성을 사칭하는 것이다. (그 자신이 소외된 인간의 추상적 형태인) **철학자**는 자신을 소외된 세계의 잣대로 놓는다. 그러니까 **외화의 역사** 전체 및 외화의 **회수** 전체가 추상적 사유, 절대적 |XVII|[28] 사유, 논리적이고 사변적인 사유의 **생산의 역사**일 따름이다. 그래서 이러한 외화 및 외화의 지양에서 진정으로 중요한 **소외**는 **즉자**와 **대자**, **의식과 자기의식**, **객체와 주체** 간의 대립, 즉 사고 자체 안에서 추상적 사유와 감각적 현실 혹은 현실적 감각 사이의 대립이다. 다른 대립과 이런 대립의 운동은 모두 유일하게 중요한 이 대립의 한낱 **가상**이자 **외피**이자 **통속적** 형태에 불과하다. 이런 중요한 대립은 다른 범속한 대립의 **의미**이다. 여기에서 소외의 정립된 본질이자 지양해야 할 본질로 간주되는 것은, 인간 존재가 자기 자신과 대립하여 자신을 **비인간적으로 대상화**한다는 사실이 아니라, 인간 존재가 추상적 사유와 **구별**되고 **대립**하여 자신을 **대상화**한다는 사실이다.

|XVIII| 따라서 대상이자 낯선 대상이 된 인간의 본질적 힘을 전유하는 일은, 무엇보다 한낱 **의식**, **순수 사유**, 즉 **추상** 속에서 **전유**하는 것이고, 이런 대상을 **사고**이자 **사고 운동**으로서 전유하는 것이다. 그러므로 이미 《정신현상학》에는 (겉모습은 철두철미하게

---

28 마르크스는 이 뒤에 "13쪽 참조"라고 쓰고 있는데, 이는 이 부분이 〈제3수고〉 11~12쪽에서 시작하는 헤겔 변증법 관련 논의에서 이어진다는 점을 보여준다.

부정적이고 비판적이지만, 그리고 때때로 이후의 발전을 일찌감치 선취하는 비판을 참으로 내포하지만) 헤겔 만년의 저작에서 나타나는 무비판적인 실증주의와 그만큼 무비판적인 관념론(존재하는 경험계를 이처럼 철학적으로 해소하고 복원하는 것)이 잠재적으로 들어 있다. 이는 맹아이자 잠재력이자 비밀로서 존재한다. **두 번째**, 인간에 대한 대상적 세계의 반환(예를 들어 **감각적** 의식이 **추상적으로** 감각적인 의식이 아니라 **인간적으로** 감각적인 의식이라는 인식, 그리고 종교나 부 등이 **인간의** 대상화이자 작품으로 전화한 **인간의** 본질적 힘이라는 소외된 현실일 따름이며, 따라서 **인간의** 참된 현실을 향해 가는 **길**이라는 인식), 이러한 전유 혹은 이 과정에 대한 통찰은, 헤겔에게 **감각**, **종교**, 국가권력 등이 **정신적** 존재라는 식으로 나타난다. **정신**만이 인간의 **참된** 본질이고, 정신의 참된 형식은 사유하는 정신, 논리적이고 사변적인 정신이기 때문이다. 자연, 역사가 산출한 자연, 인간의 생산물이 **인간적**이라는 사실은, 이것들이 추상적 정신의 **생산물**이고 따라서 **정신의** 계기이자 **사고존재**思考存在[29]라는 데에서 나타난다. 그래서 《정신현상학》은 은폐된 비판이고, 아직 자기 자신을 명료히 이해하지 못하고 신비화하는 비판이다. 그러나 그것은 (인간이 단지 정신의 형태로만 나타나더라도) 인간의 **소외**를 포착하므로, 그 안에는 비판의 **모든** 요소가 은폐되어 있고, 종종 헤겔의 관점을 훨씬

---

[29] Gedankenwesen. 이 맥락에서 '사고존재'는 사고에 의해 존재하는 것, 혹은 사고 안에서 사고의 한 계기로서 존재하는 것을 가리킨다.

능가하는 방식으로 이미 **예비되고 상술되어** 있다. "불행한 의식", "성실한 의식", "고귀한 의식과 비천한 의식"의 투쟁 등의 개별 부분들은 종교, 국가, 시민 생활 등의 전체 영역에 대한 **비판적** 요소를 (아직 소외된 형식이기는 하지만) 포함한다. 그러니까 **존재**나 **대상**이 사고존재인 것과 마찬가지로, **주체**도 항상 **의식** 혹은 **자기의식**이다. 더 정확히 말하면, 대상은 오로지 **추상적** 의식으로 나타나고, 인간은 오로지 **자기의식**으로 나타나며, 따라서 여기 등장하는 다양한 소외 형태는 오로지 의식과 자기의식의 다양한 형태일 뿐이다. (대상이 인식되는 형식인) 추상적 의식이 **즉자적으로** 단지 자기의식의 구별 계기라면, 이러한 운동의 결과물도 자기의식과 의식의 동일성이고, 절대지이며, 이제 외부를 향하지 않고 자기 자신 안에서만 일어나는 추상적 사유의 운동, 즉 순수 사고의 변증법이다.[30]

|XXIII| 따라서 헤겔의 《정신현상학》과 그 최종 결과(변증법, 즉 운동하고 산출하는 원리로서의 부정성)에서 위대한 점은, 먼저 헤겔이 인간의 자기 산출을 하나의 과정으로 파악하고, 대상화를 탈대상화, 외화, 그리고 이 외화의 지양으로 파악했다는 점이다. 또한 **노동**의 본질을 파악하고, 대상적 인간, 즉 현실적이므로 참된 인간

---

30 마르크스는 이 뒤에 "22쪽에서 이어지는 내용 참조"라고 쓰지만, 원고에서 22쪽은 누락되어 있고 이 내용은 23쪽에서 이어진다.

을 그 **자신의 노동**의 결과로 이해했다는 점이다. 인간이 유적 존재로서 자신을 대하는 **현실적이고 활동적인** 태도, 혹은 현실적인 유적 존재(즉 인간 존재)로서 자신의 현시는, 그가 진정 자신이 지닌 모든 **유적 힘**을 끌어내어 대상으로 대할 때만 가능한데(이는 인간의 전체 행위를 통해서만, 즉 역사의 결과로만 가능하다), 이 역시 일단은 소외의 형식으로만 가능하다.

이제 절대지를 다루는 《정신현상학》의 마지막 장을 근거로, 헤겔의 일면성과 한계를 상세하게 서술할 것이다. 이 장은 《정신현상학》의 응축된 정신, 사변적 변증법과의 관계, 그리고 헤겔이 지닌 이러한 두 가지 및 그 둘 사이의 상호관계에 관한 **의식**을 담고 있다.

일단 잠정적으로 이렇게만 미리 말해두려 한다. 헤겔은 근대 국민경제학자의 입장에 선다. 그는 **노동**을 인간의 본질, 자신을 입증하는 본질로 파악한다. 그는 노동의 긍정적 측면만 볼 뿐, 부정적 측면은 보지 않는다. 노동은 **인간**이 **외화** 속에서 혹은 **외화된** 인간으로서 **대자적이게 되는** 것이다. 헤겔이 인식하고 인정하는 노동은 **추상적으로** 정신적인 노동뿐이다. 그러니까 헤겔은 일반적으로 철학의 본질을 구성하는 것, 즉 **자신을 인식하는 인간의 외화** 혹은 자신을 **사유하는 외화된** 학문을 노동의 본질로 포착한다. 따라서 그는 선행 철학과 대비하여 그 철학의 개별 계기들을 총괄하고, 자신의 철학을 **유일한** 철학이라고 서술할 수 있었다. 다른 철학자들이 행한 일(자연과 인간 삶의 개별 계기들을 자기의식의 계기들로,

그것도 추상적 자기의식의 계기들로 파악한 일)을, 헤겔은 철학이 **행한 일로 안다**. 그래서 그의 학문은 절대적이다.

이제 우리가 다룰 주제로 넘어가자.

《정신현상학》의 마지막 장인 〈절대지〉.

주요 문제는 **의식**의 **대상**이 **자기의식**일 따름이라는 것, 혹은 대상은 단지 **대상화된 자기의식**, 대상으로서의 자기의식일 따름이라는 것이다. (인간의 정립 = 자기의식.)

그러므로 **의식의 대상**을 극복해야 한다. **대상성** 자체는 인간의 **소외된** 관계, 다시 말해 **인간**의 본질, 즉 자기의식과 조응하지 않는 관계로 간주된다. 따라서 소외라는 규정 속에서 낯선 것으로 산출된 대상적인 인간 본질을 **재전유**하는 일은, **소외**를 지양한다는 의미뿐 아니라 **대상성**을 지양한다는 의미도 있다. 다시 말해 인간은 **대상적이지 않은 유심론적** 존재로 여겨진다.

헤겔은 이제 **의식의 대상을 극복**하는 운동을 다음과 같이 기술한다. 406

대상은 단지 **자기로의 귀환**으로만 드러나지는 않는다(헤겔에 따르면 이는 저 운동에 관한 **일면적** 이해, 즉 하나의 측면만을 포착하는 이해이다). 인간이 되는 것 = 자기를 정립하는 것이다. 그러나 자기는 단지 **추상적으로** 파악되고 추상을 통해 산출되는 인간이다. 인간은 자기적自己的**이다**. 인간의 눈, 귀 등은 **자기적**이다. 인간의 모든 본질적 힘은 인간 안에서 **자기성**이라는 속성을 지닌다. 그러나 그렇다고 해서 **자기의식**이 눈, 귀, 본질적 힘을 지닌다는 말은 전적

으로 틀리다. 오히려 자기의식이 인간의 자연〔본성〕, 인간의 눈 등의 질이지, 인간적 자연〔본성〕이 |XXIV| **자기의식**의 질은 아니다.

대자적으로 추상화되어 고정된 자기는 **추상적 이기주의자**로서의 인간이다. 이는 순수한 추상 속에서 사유로 고양된 **이기주의**이다(우리는 이에 관해 나중에 다시 논할 것이다).

헤겔에게는 **인간의 본질** 혹은 **인간 = 자기의식**이다. 따라서 인간적 본질의 소외는 모두 **자기의식의 소외에 불과하다**. 자기의식의 소외가 인간 본질의 **현실적** 소외의 **표현**, 즉 지식과 사유에 반영된 표현으로 간주되지는 않는다. 오히려 실제로 나타나는 **현실적 소외**는 그 **가장 깊은 곳**에 숨겨진 (그리고 철학을 통해 비로소 조명받는) 본질 면에서, 현실적이고 인간적인 본질인 **자기의식**의 소외가 나타나는 **외관**〔현상〕에 불과하다. 따라서 이를 인식하는 학문이 **현상학**이다. 그러므로 소외된 대상의 본질에 대한 재전유는 전부 자기의식으로의 통합으로 나타난다. 자신의 본질을 장악하는 인간이란 **단지** 대상의 본질을 장악하는 자기의식에 불과하다. 따라서 대상이 자기로 복귀하는 것은 대상을 재전유하는 것이다.

의식의 대상을 극복하는 것을 **전면적으로** 표현하면 다음과 같다.

1) 의식에게 대상 자체는 소멸하는 것으로 현시한다. 2) 자기의식의 외화가 물성物性을 정립한다. 3) 이 외화는 **부정적** 의미뿐 아니라, **긍정적** 의미도 지닌다. 4) 외화는 **우리에 대해서** 혹은 즉자적으로뿐만 아니라, 자기의식 **자체**에 대해서도 이런 긍정적 의미를 지닌다. 5) **자기의식에 대해** 대상의 부정적인 것 혹은 대상

의 자기 지양이 **긍정적** 의미를 지니는 것, 즉 자기의식이 대상의 이러한 무실함[31]을 **아는** 이유는, 자기의식이 자기 자신을 외화하기 때문이다. 자기의식은 이러한 외화에서 **자신**을 대상으로 정립하거나, **대자적 존재**의 불가분한 통일성으로 인해 대상을 자기 자신으로 정립하는 것이다. 6) 동시에 다른 한편으로 여기에는 다른 계기가 들어 있다. 이는 자기의식이 이러한 외화와 대상성 역시 지양하여 자기 안으로 회수한다는, 즉 **그것의** 타자 존재 자체 안에서 **자기에게 있다**[32]는 계기이다. 7) 이것이 의식의 운동이며, 의식은 그 운동의 계기들의 총체이다. 8) 이와 마찬가지로 의식은 대상 규정들의 총체에 따라서 대상을 대해야 하고, 이러한 각 규정에 따라 대상을 포착해야 한다. 이러한 대상 규정들의 총체로 인해, 대상은 **즉자적으로 정신적 존재**가 된다. 대상이 의식에 대해 실제로 이렇게 적용되는 이유는, 각각의 개별 규정을 **자기**로 파악하거나, 이런 규정들에 대해 방금 언급한 **정신적** 태도를 취하기 때문이다.

1)에 대하여. 의식에게 대상 자체가 소멸하는 것으로서 현시한다는 것은, 앞에서 언급했듯이 **대상이 자기로 복귀하는 것**이다.

---

31 "Nichtigkeit"는 '실상이 없다' 혹은 '실체가 아니다'라는 의미로서 '무실無實함'으로 옮겼다.
32 "타자 존재 자체 안에서 자기에게 있다"는 말은 자기가 아닌 것(타자)과 교섭하면서도 여전히 자기로 머물고 자기로 남아 있다는 의미로서, 헤겔의 자유 개념의 기초를 이룬다.

2)에 대하여. **자기의식의 외화**는 물성을 정립한다. 인간 = 자기의식이므로, 그의 외화된 대상적 본질 혹은 **물성** = **외화된 자기의식**이며, **물성**은 이러한 외화를 통해 정립된다(물성은 **인간에 대해 대상인 것**인데, 인간에 대해 참으로 대상인 것은 오직 인간에게 본질적인 대상뿐이며, 따라서 인간의 **대상적** 본질뿐이다. 그런데 주체가 되는 것은 **현실적 인간**이 아니고, 인간이란 **인간적 자연**이므로 **자연** 자체도 아니다. 주체가 되는 것은 인간의 추상, 즉 자기의식이기 때문에, 물성은 외화된 자기의식일 수밖에 없다). 살아 있는 자연적인 존재, 대상적이고 물질적인 본질적 힘들을 부여받아 보유하는 존재가 그 본질의 **현실적인** 즉 자연적인 **대상들**도 갖는다는 것, 그리고 그것의 자기외화가 **현실적**이지만 **외부성**의 형식을 갖는 대상 세계, 즉 그 본질에 속하지 않는 압도적인 대상 세계의 정립이라는 것은 전적으로 당연하다. 여기에는 불가해하거나 신비로운 것은 없다. 오히려 그와 반대라면 신비로울 것이다. 그러나 **자기의식**이 외화를 통해 정립할 수 있는 것은 **현실적** 사물이 아니라 단지 **물성**, 즉 그 자체는 추상적일 뿐인 사물, 추상의 사물이라는 점도 분명하다. 따라서 |XXVI|[33] 물성은 결코 자기의식에 대해 **자립적**이거나 **본질적**인 것이 아니라, 한낱 피조물이자 자기의식에 의해 **정립되는** 것이라는 사실도 분명하다. 그리고 이러한 정립되는 것은 자기 자신을 확인하는 대신에 정립 작용을 확인할 따름인데, 이 작용은 잠시 동안 자기 에너지를 생

---

33 마르크스는 쪽수를 기록하면서 25(XXV)쪽을 건너뛰었다.

산물로서 고착시키고, 이 생산물에 (단지 한순간에 불과하지만) 자립적이고 현실적인 존재라는 역할을 **가상**으로 부여한다.

단단하고 둥근 지구 위에 서서 온갖 자연의 힘을 들이쉬고 내쉬는 현실적이고 육체적인 **인간**이, 자신의 현실적이고 대상적인 **본질적 힘**을 외화를 통해 낯선 대상으로 **정립**할 때, 그 **정립함**이 주체는 아니다. 그것은 **대상적인** 본질적 힘이 지닌 주체성이며, 따라서 그 행위도 **대상적**이어야 한다. 대상적 존재는 대상적으로 작용하는데, 만약 그 존재의 본질 규정 안에 대상적인 것이 없다면 그 존재는 대상적으로 작용하지 않을 것이다. 그것이 대상을 창조하고 정립하는 이유는, 오로지 그것이 대상을 통해 정립되기 때문이고, 또 그것이 본래부터 **자연**이기 때문이다. 그러므로 정립함의 작용에서, 대상적 존재는 '순수 활동'으로부터 **대상**의 **창조**로 떨어지지 않으며, 다만 그것의 **대상적** 생산물이 그것의 **대상적** 활동을 확인할 뿐이고, 그것의 활동을 대상적이고 자연적인 존재의 활동으로 확인할 뿐이다.

408

여기에서 우리는 완성된 자연주의 또는 인간주의가 관념론과 유물론 모두와 다른 동시에, 양자를 결합하는 진리인 까닭을 알게 된다. 또 우리는 자연주의만이 세계사의 작용을 이해할 수 있는 까닭도 알게 된다.

인간은 직접적으로 **자연적 존재**이다. 자연적 존재이자 살아 있는 자연적 존재로서 인간은, 한편으로 **자연적 힘**, **생명의 힘**을 갖추고 활동하는 자연적 존재이다. 이런 힘은 인간 안에 소질, 능력, **충**

동으로 존재한다. 다른 한편으로 자연적이고 신체적이고 감각적이고 대상적인 존재인 인간은, 동물 및 식물과 마찬가지로 **겪으며** 조건 지워지고 제약받는 존재이다. 다시 말해 그의 충동의 **대상**은 인간 바깥에 자립적 **대상**으로 존재한다. 그러나 이런 대상은 그의 **욕구**의 **대상**이고, 그의 본질적 힘의 현시와 확인에 불가결한 본질적 **대상**이다. 인간이 **신체적**이고 자연의 힘을 지니며 살아 있고 현실적이고 감각적이고 대상적인 존재라는 것은, 곧 인간 본질의 대상이자 삶의 발현 대상이 바로 **현실적이고 감각적인 대상**이라는 뜻이고, 달리 말하면 인간이 현실적이고 감각적인 대상에서만 자기 삶을 **발현**할 수 있다는 뜻이다. 대상적·자연적·감각적으로 **존재한다는 것**, 또는 자기 바깥에 대상·자연·감각을 가지고 있다는 것, 또는 그 자신도 제3의 존재에 대해 대상·자연·감각이라는 것은 동일한 것이다. **배고픔**은 자연적 **욕구**[필요]이다. 그래서 배고픔을 충족시키고 진정시키려면, 그 바깥에 있는 어떤 **자연**, 어떤 **대상**이 필요하다. 배고픔은 신체 바깥에 있으면서 신체의 통합과 본질 발현에 불가결한 어떤 **대상**에 대해 느끼는, 내 신체의 자각되는 욕구이다. 태양은 식물의 **대상**, 즉 식물에 불가결하며 식물의 삶을 승인해주는 대상이다. 이와 마찬가지로 식물은 태양의 대상, 즉 생명을 일깨우는 태양의 힘의 **발현**이자 태양의 **대상적인** 본질적 힘의 **발현**이다.

자기 바깥에 자신의 자연을 갖지 않는 존재는 **자연적** 존재가 아니며, 자연의 본질에 참여하지 않는다. 자기 바깥에 대상을 가

지지 않는 존재는 대상적 존재가 아니다. 그 자신이 제3의 존재에게 대상이 아닌 존재는 자신의 **대상**에게 존재하지 않는다. 즉 대상적으로 관계 맺지 않으며, 그 존재는 대상적이지 않다. |XXVII| 비대상적 존재는 **비존재**이다.

자신이 대상도 아니고, 어떤 대상을 갖지도 않는 존재를 상정해보자. 이런 존재는 우선 **유일한** 존재일 것이다. 그 바깥에 어떤 존재도 없을 것이며, 고독하게 홀로 존재할 것이다. 나의 바깥에 대상이 있다면, 내가 **홀로** 있지 않다면, 나는 내 바깥의 대상과는 **다른 것**이자 **다른 현실**이기 때문이다. 그래서 이 제3의 대상에 대해, 나는 그와는 **다른 현실**, 즉 **그의** 대상이다. 그러므로 다른 존재의 대상이 아닌 존재를 상정하는 것은, 어떤 대상적 존재도 **없음**을 전제한다. 내게 어떤 대상이 있다면, 이 대상에게는 내가 대상으로 있다. 그런데 **비대상적** 존재란 비현실적이고 비감각적이며 그저 생각되는 존재, 즉 그저 상상되는 존재, 추상의 존재이다. **감각적**이라는 것, 즉 현실적이라는 것은 감각의 대상이라는 것, **감각적** 대상이라는 것이고, 따라서 자기 바깥에 감각적 대상을 갖는다는 것, 자기 감각의 대상을 갖는다는 것이다. 감각적이라는 것은 **겪는다**는 것이다.

그러므로 대상적이고 감각적인 존재로서 인간은 **겪는** 존재이다. 또 자신의 겪음을 감각하는 존재이므로 **정동**〔겪음〕의 존재이다. 정동과 정념은 인간이 자신의 대상을 정력적으로 추구하는 본질적 힘이다.

그러나 인간은 단지 자연적 존재일 뿐만 아니라, **인간적인** 자연적 존재이다. 즉 자기 자신에 대해 존재하는 존재, 따라서 **유적 존재**이다. 유적 존재로서 인간은 자신의 존재와 지식에서 자신을 확인하고 현시해야 한다. 그러니까 **인간의** 대상은 자신을 직접적으로 내어놓는 자연 대상이 아니고, **인간의 감각**은 직접적으로 **있고** 대상적으로 있는 한에서는 **인간의** 감성이나 인간의 대상이 아니다. 자연은 객관적으로나 주관적으로나 직접적으로 **인간적** 본질에 적합하게 존재하지 않는다.

그리고 자연적인 것은 모두 **생성**해야 하므로, **인간**도 자신의 생성 행위, 즉 **역사**가 있다. 하지만 이 역사는 인간이 아는 역사이며, 따라서 생성 행위로서의 역사는 의식하며 자신을 지양하는 생성 행위이다. 역사는 인간의 참된 자연사이다.

(여기에 관해서는 다시 다룰 것이다.)

셋째, 이러한 물성의 정립 자체가 단지 가상이자 순수 활동의 본질과 모순되는 행위일 뿐이므로, 다시 지양되어야 한다. 물성은 부정되어야 한다.

3), 4), 5), 6)에 대하여. 3) 이러한 의식의 외화는 **부정적** 의미뿐 아니라, **긍정적** 의미도 지닌다. 그리고 4) 이러한 긍정적 의미는 **우리에 대해서나** 즉자적으로뿐만 아니라, 그것, 즉 의식 자체[34]

---

34 일부 연구자는 표현상으로는 "für es, d[as] Bewußtsein selbst (그것, 즉 의식 자체)"이지만, 내용상으로는 '그것, 즉 자기의식 자체'를 뜻한다고 주장한다.

에 대해서도 있다. 5) 대상의 부정적인 것 혹은 대상의 자기 지양이 **의식에 대해 긍정적** 의미를 지니는 것, 즉 의식이 이러한 대상의 무실함을 **아는** 이유는, 그것이 자기 **자신**을 외화하기 때문이다. 의식은 이러한 외화 속에서 자신을 대상으로 **알거나**, **대자적 존재의** 불가분한 통일성으로 인해 대상을 자기 자신으로 아는 것이다. 6) 동시에 다른 한편으로 여기에는 다른 계기가 들어 있다. 이는 의식이 이러한 외화와 대상성 역시 지양하여 자신 안으로 회수한다는, 즉 그것의 **타자 존재 자체 안에서 자기에게 있다는** 계기이다.

우리는 이미 다음을 살펴보았다. 소외된 대상적 본질의 전유, 달리 말해 (무심한 낯섦에서 현실적·적대적인 소외까지 나아갈 수밖에 없는) **소외**의 규정 아래에서 대상성의 지양은, 헤겔에게는 동시에 아니면 심지어 주로 **대상성**을 지양한다는 의미이다. 이는 대상의 **특정한** 성격이 아니라 **대상적** 성격이 자기의식에 대해 부딪쳐 오고 소외시키는 것이기 때문이다. 따라서 대상은 부정적인 것, 자기 자신을 지양하는 것, **무실한 것**이다. 이러한 대상의 무실함은 의식에게 부정적 의미뿐 아니라, **긍정적** 의미도 있다. 대상의 저 **무실함**은 바로 의식 자신의 비대상성과 **추상**에 대한 |XXVIII| **자기 확인**이기 때문이다. 그러므로 대상의 무실함이 **의식 자체**에 대하여 긍정적 의미를 지닌다는 것은, 의식이 이러한 무실함과 대상적 존재가 의식의 **자기외화**임을 **안다**는 것, 이러한 무실함이 단지 의식의 자기외화를 통해서만 존재함을 안다는 것이다. 의식이 있는 방식, 그리고 무언가가 의식에 대해 있는 방식은 **지**知이다. 지는 의식의

유일한 행위이다. 따라서 의식이 **무언가를 알아야**, 이 무언가가 의식에 대해 존재하게 된다. 지는 의식의 유일하게 대상적인 태도이다. 의식은 이제 대상의 무실함, 즉 대상이 의식과 구별되지 않는다는 것, 대상이 의식에 대해 존재하지 않는다는 것을 안다. 왜냐하면 대상이 자신의 **자기외화**라는 것을 알기 때문이다. 다시 말해 의식은 자신(대상으로서의 지)을 안다. 왜냐하면 대상은 어떤 대상의 **가상**이자 현혹하는 신기루에 불과하지만, 그 본질에서 지 자체와 다르지 않기 때문이다. 이러한 지는 자신에게 자기 자신을 마주 세우고, 따라서 자신에게 어떤 **무실한 것**, 즉 지의 바깥에는 대상성이 **없는** 무언가를 마주 세운다. 달리 말해 지는 대상과 관련할 때, 자신은 자기 **바깥**에 있으면서 자신을 외화할 뿐이라는 것, **지 자체**가 대상으로 **나타날** 뿐이라는 것, 지에게 대상으로 나타나는 것은 지 자체일 뿐이라는 것을 안다.

다른 한편 헤겔은 여기에 이러한 다른 계기도 있다고, 즉 의식이 이러한 외화와 대상성도 마찬가지로 지양하고 자기 안으로 회수한다는, 즉 그것의 **타자 존재 자체 안에서 자기에게 있다**는 계기도 있다고 말한다.

411 이러한 논의에는 사변에서 나오는 환상이 죄다 집결되어 있다.

먼저 의식, 자기의식은 **그것의 타자 존재 자체 안에서 자기에게 있다**. 그러므로 자기의식은, (또는 여기에서 헤겔적인 추상을 추상화하여 자기의식 대신에 인간의 자기의식을 놓는다면) 인간의 자기의식은 그것의 **타자 존재 자체 안에서 자기에게** 있다.

이것이 첫째로 함축하는 바는 의식(지로서 지, 사유로서 사유)이 직접적으로 자기 자신의 **타자**인 양, 감각, 현실, 삶인 양 가장한다는 것, 즉 사유에서 자신을 능가하는 사유(포이어바흐)로 가장한다는 것이다.[35] 여기에 이런 면이 함축되는 이유는, 단지 의식으로서의 의식에는 소외된 대상성이 아니라 **대상성 자체**가 부딪쳐 오기 때문이다.

이것이 둘째로 함축하는 바는 다음과 같다. 자기의식적인 인간은 정신적 세계(달리 말해, 자기 세계의 정신적이고 일반적인 현존)를 자기외화로 인식하고 지양했음에도 불구하고, 다시 이 세계를 이런 외화된 형태에서 확인하고, 자신의 참된 현존으로 제시하고, 그것을 복원하며, 그것의 **타자 존재 자체 안에서 자기에게** 있다고 가장한다. 그래서 예컨대 종교를 지양한 후에도, 종교가 자기외화의 산물이라고 인식한 후에도, **종교로서의 종교** 안에서 자신을 확인한다. 여기에 헤겔의 **그릇된** 실증주의 혹은 그의 한낱 **외관상** 비판주의의 뿌리가 **있다**. 포이어바흐는 이를 종교나 신학의 정립, 부정, 복원으로 표현했지만, 이것은 더 일반적으로 이해할 수 있다. 즉 이성은 비이성으로서의 비이성 안에서 자기에게 있다는 계기이다. 법이나 정치 등에서 외화된 삶을 영위한다는 것을 인식한 인

---

35 포이어바흐의 《미래의 철학》 30절에 나오는 "헤겔은 사유에서 자신을 능가하는 사상가"라는 말을 가리킨다.

간은, 이러한 외화된 삶 자체에서 자신의 참된 인간적 삶을 영위한다. 따라서 자신과의 **모순**에서의, 즉 지와의 모순 및 대상의 본질과의 모순에서의 자기 긍정과 자기 확인이 참된 **지**이자 **삶**이다.

따라서 헤겔이 종교나 국가 등에 순응했다는 말은 더 이상 할 수 없다. 이런 거짓은 헤겔의 원리에 들어 있는 거짓이기 때문이다.

|XXIX| 내가 종교는 인간의 **외화된** 자기의식임을 **안다**면, 나는 종교로서의 종교에서 나의 자기의식을 아는 것이 아니라, 거기에서 확인된 나의 외화된 자기의식을 아는 것이다. 그렇다면 나는 자기 자신과 자신의 본질에 속하는 나의 자기의식을 **종교**에서가 아니라, 도리어 **소멸하고 지양된** 종교에서 확인한다.

따라서 헤겔에게 부정의 부정은 가상적 본질을 부정하여 참된 본질을 확인하는 것이 아니라, 바로 가상적 본질 혹은 자기에게서 소외된 본질을 부정하면서 그것을 확인하는 것이다. 달리 말해 이러한 가상적 본질이 인간 바깥에 거주하며 인간으로부터 자립적인 대상적 본질임을 부정하고, 그것을 주체로 변환하는 것이다.

그러므로 부정과 보존, 긍정이 결합한 **지양**은 독특한 역할을 한다.

예를 들어 헤겔의 법철학에서 지양된 **사법**私法 = **도덕**이고, 지양된 도덕 = **가족**이고, 지양된 가족 = **시민사회**이고, 지양된 시민

사회 = **국가**이며, 지양된 국가 = **세계사**이다.[36] **현실**에서 사법, 도덕, 가족, 시민사회, 국가 등은 여전히 존속하지만, 단지 인간의 **계기**, 인간의 존재 및 현존 방식이 되었다. 이는 서로 고립된 채로는 무의미한, 상호 해소하고 상호 산출하는 **운동의 계기들**이다.

이들의 이러한 **운동하는** 본질은 이들의 현실적 존재에서는 은폐되고, 사유와 철학에서 비로소 출현하고 현현한다. 따라서 나의 참된 종교적 현존은 나의 **종교철학적** 현존이고, 나의 참된 정치적 현존은 나의 **법철학적** 현존이며, 나의 참된 자연적 현존은 **자연철학적** 현존이고, 나의 참된 예술적 현존은 **예술철학적** 현존이며, 나의 참된 **인간적** 현존은 나의 **철학적** 현존이다. 이와 마찬가지로 종교, 국가, 자연, 예술의 참된 존재 = 종교**철학**, 국가**철학**, 자연**철학**, 예술**철학**이다. 그런데 나에게 종교철학 등만이 종교의 참된 현존이라면, 나는 오직 **종교철학자**로서만 참되게 종교적이다. 그러면 나는 **현실적** 종교성과 현실적으로 **종교적인** 인간을 부정하는 것이다. 그러나 이와 동시에 나는 이것들을 **확인**한다. 때로는 나 자신의 현존에서 또는 내가 이것들에 마주 세우는 낯선 현존에서 이를 확인하는데, 이 낯선 현존은 단지 이것들의 **철학적 표현이기** 때문이다. 그리고 때로는 이것들을 그 특유한 근원적 형태에서 확인

---

36 이는 헤겔의 《법철학 *Grundlinien der Philosophie des Rechts*》(1820)[서정혁 옮김, 지식을만드는지식, 2020; 임석진 옮김, 한길사, 2008]에서 주요 범주들이 나타나는 순서이다.

하는데, 그 이유는 이것들은 나에게 단지 **외관상** 타자 존재로, 우의寓意로, 그리고 감각적 외피 아래 은폐된 이것들 고유의 참된 현존, 즉 나의 **철학적** 현존의 형태로 간주되기 때문이다.

이와 마찬가지로 지양된 **질** = **양**이고, 지양된 양 = **척도**이고, 지양된 척도 = **본질**이고, 지양된 본질 = **현상**이고, 지양된 현상 = **현실**이고, 지양된 현실 = **개념**이고, 지양된 개념 = **객관성**이고, 지양된 객관성 = **절대이념**이고, 지양된 절대이념 = **자연**이고, 지양된 자연 = **주관**정신이고, 지양된 주관정신 = **인륜적** 객관정신이고, 지양된 인륜적 정신 = **예술**이고, 지양된 예술 = **종교**이고, 지양된 종교 = **절대지**이다.[37]

한편으로 이러한 지양은 사유된 존재에 대한 지양이다. 그러니까 **사고된** 사유재산을 지양하면 도덕의 **사고**가 된다. 그리고 사유는 자신이 직접적으로 자기 자신의 타자, 즉 **감각적 현실**이라고 상상하기 때문에, 즉 자신의 행위를 **감각적이고 현실적인** 행위라고 여기기 때문에, 이런 사유하는 지양은 자신의 대상을 현실에 그대로 두면서도 현실적으로 극복했다고 믿는다. 다른 한편으로 이제 사유에게 대상은 사고의 계기가 되었기 때문에, 사유는 현실에 있는 대상도 사유 자신의 자기 확인이자, 자기의식과 추상의 자기 확인으로 여긴다.

---

37 이는 헤겔의 《철학대계》(1817)[《엔치클로페디: 제1부 논리의 학》, 이신철 옮김, 도서출판b, 2024])에서 주요 범주들이 나타나는 순서이다.

|XXX| 그러므로 한편으로 헤겔이 철학으로 **지양하는** 현존은 **현실적인** 종교나 국가나 자연이 아니다. 이미 종교 자체가 지의 대상인 **교의학**인데, 이는 **법률학, 국가학, 자연학**도 마찬가지이다. 따라서 지의 대상은 한편으로 **현실적** 존재와 대립할 뿐 아니라, 이런 존재에 관한 직접적이고 비철학적인 **학문** 혹은 비철학적인 **개념**과도 대립한다. 그래서 이런 지의 대상은 이것들(교의학, 법률학, 국가학, 자연학)의 통상적 개념과도 모순된다.

다른 한편으로 헤겔은 종교적 등의 인간을 최종적으로 확인한다.

이제 헤겔 변증법의 **긍정적** 계기들을 (소외의 규정 속에서) 이해해야 한다.

a) 외화를 자신에게로 **회수하는** 대상적 운동으로서 **지양**. 이는 대상적 존재의 소외를 지양함으로써 대상적 존재를 **전유**한다는 통찰이 소외 안에서 표현된 것이다. 즉 인간의 **현실적 대상화**에 관한 소외된 통찰이고, 인간이 대상적 세계의 **소외된** 규정을 소멸시키고 대상적 세계를 그 소외된 현존 속에서 지양함으로써 인간의 대상적 본질을 현실적으로 전유한다는 통찰이다. 이는 신을 지양하는 무신론이 이론적 인간주의를 생성하는 것과 마찬가지이고, 사유재산을 지양하는 공산주의가 현실적이고 인간적인 삶을 자기의 재산으로 반환하고 실천적 인간주의를 생성하는 것과 마찬가지이다. 달리 말해 무신론은 종교의 지양을 매개로 하는 인간주의이고, 공산주의는 사유재산의 지양을 매개로 하는 인간주의이다.

(그러나 필연적 전제인) 이러한 매개를 지양해야, 비로소 스스로에서 긍정적으로 시작하는 **긍정적** 인간주의가 생성된다.

그러나 무신론과 공산주의는 도피나 추상이 아니고, 인간이 산출하는 대상적 세계의 상실이나 대상으로 생성되는 인간의 본질적 힘의 상실도 아니며, 비자연적이고 미발달한 단순함으로 뒷걸음치는 빈곤함도 아니다. 오히려 이것들이야말로 최초의 현실적 생성이다. 인간에게 인간 본질이, 혹은 어떤 현실적인 것으로서의 인간 본질이 정말로 현실화되는 것이다.

그러니까 헤겔은 (또다시 소외된 방식이기는 하지만) 자기 자신과 관련된 부정의 **긍정적** 의미를 파악함으로써, 인간의 자기소외, 본질 외화, 탈대상화, 탈현실화를 자기 획득, 본질 발현, 대상화, 현실화로 파악한다. 한마디로 헤겔은 (추상 속에서) 노동을 인간의 **자기 산출 행위**로 파악하며, 낯선 존재로서의 자기 자신과 관계하고 낯선 존재로서의 자기 자신을 현시하는 것을 **유적 의식**과 **유적 삶**의 생성으로 이해한다.

b) 그러나 첫째, 헤겔에게 이런 행위는 (앞서 서술한 전도는 차치하더라도, 아니 오히려 그러한 전도로 인하여) 추상적이므로 **한낱 형식적인** 행위로 나타난다. 인간의 본질 자체가 단지 **추상적인 사유하는 본질**로, 자기의식으로 간주되기 때문이다.

둘째, 이런 파악은 **형식적**이고 **추상적**이므로, 외화의 지양은 외화의 확인이 된다. 달리 말해 헤겔에게 **자기외화이자 자기소외**로서의 **자기 산출**이자 **자기 대상화**인 저 운동은 **절대적**이고, 따라서 자

기 자신을 목적으로 하고 자기 자신에서 안식하며 자신의 본질에 도달한, **인간적 삶의** 최종적 **발현**이다. 따라서 이 운동은 변증법이라는 추상적 |XXXI| 형식 속에서 **참으로 인간적인 삶**으로 간주된다. 그러나 그렇더라도 이는 인간적 삶의 추상이자 소외이기 때문에, **신적인 과정**으로, 그것도 인간의 신적인 과정으로 간주된다. 이 과정은 인간과 구별되는, 추상적이고 온전하고 절대적인 인간 본질 자체가 거치는 과정이다.

셋째, 이 과정에는 어떤 담지자, 어떤 주체가 있어야만 한다. 그러나 주체는 결과로서 비로소 생겨난다. 따라서 이러한 결과, 즉 자신을 절대적 자기의식으로 아는 주체는 **신, 절대정신, 자신을 알고 현시하는 이념**이다. 현실적 인간과 현실적 자연은 이런 은폐된 비현실적 인간과 비현실적 자연의 한낱 술어이자 상징이 된다. 따라서 주어〔주체〕와 술어는 서로 절대적으로 전도된 관계를 맺는다. 이는 **불가사의한 주체-객체** 혹은 **객체를 포괄하는 주체성**이고, 하나의 **과정**으로서의 **절대적 주체**이며, 자신을 **외화하고** 외화로부터 자신으로 복귀하지만 이와 동시에 외화를 자신에게로 회수하는 **주체**이자, 이런 과정으로서의 주체이다. 자기 안에서의 온전하고 **부단한** 순환들.

첫째, 인간의 자기 산출 행위 혹은 자기 대상화 행위에 대한 **형식적**이고 **추상적**인 파악.

헤겔은 인간 = 자기의식이라고 상정하므로, 소외된 대상, 즉 인간 본질의 소외된 현실은 **의식**에 불과하고 소외의 사고일 뿐이다. 소외의 **추상적** 표현, 따라서 내용 없는 비현실적 표현이 **부정**이다. 그러므로 외화의 지양도 저 내용 없는 추상에 대한 내용 없는 추상적 지양, 즉 **부정의 부정**에 불과하다. 따라서 내용이 풍부하고 살아 있고 감각적이고 구체적인 자기 대상화 활동은 이 활동의 한낱 추상이자 **절대적 부정성**이 되며, 나아가 이런 추상은 그 자체로 고착된 자립적 활동이자 활동 그 자체로 사유된다. 이러한 이른바 부정성은 저 현실적이고 살아 있는 행위의 **추상적이고 내용 없는** 형식에 불과하므로, 그 내용도 모든 내용을 도외시함으로써 산출되는 **형식적** 내용일 수밖에 없다. 그러므로 그것들은 모든 내용에 관계하므로 모든 내용에 무심한〔똑같이 타당한 gleichgültig〕, 그래서 모든 내용에 타당한 gültig, 일반적이고 추상적인 **추상 공식**이다. 이는 **현실적** 정신과 **현실적** 자연에서 풀려난 사유 형식, 논리 범주이다. (우리는 뒤에서 절대적 부정성의 **논리적** 내용을 서술할 것이다.)

헤겔이 여기에서 (자신의 사변적 논리학으로) 이룩한 긍정적인 것은, 자연과 정신으로부터 자립적인 **특정한 개념들**이나 일반적인 **고착된 사유 형식들**을 인간 본질의 일반적 소외, 즉 인간 사유의 일반적 소외가 낳은 필연적 결과로 제시하고, 이에 따라 헤겔이 이것들을 추상 과정의 계기들로 묘사하고 개괄했다는 데 있다. 예컨대 지양된 존재는 본질이고, 지양된 본질은 개념이며, 지양된 개념은 절대이념이다. 하지만 절대이념이란 무엇인가? 절대이념은 추상 행위 전체를 처음부터 다시 거치면서 자신이 추상의 총체 혹은 자신을 포착하는 추상이라는 데 자족하지 않기 위해, 자기 자신을 또다시 지양한다. 그러나 자신을 추상으로 포착하는 추상은 자신이 아무것도 아님을 안다. 그것은 자신을 단념하고 추상을 단념하여 바로 그 반대인 존재, 즉 **자연**에 도달해야 한다. 따라서 논리학 전체는 절대적 사유가 그 자체로는 아무것도 아니라는 것, 절대이념이 그 자체로는 아무것도 아니라는 것, 오직 **자연**만이 무언가라는 것을 증명한다.

|XXXII| 절대이념 혹은 추상적 이념은

"자신과의 통일 면에서 **고찰하면 직관**이다."(헤겔,《철학대계》, 3판 222쪽)[38] 이것은 "자신의 절대적 진리 속에서, 자신의 특수성의 계기 혹은 최초 규정과 타자 존재의 계기, 즉 **직접적 이념**을 자신의 반영으로서, 그리고 **자연**으로서 **자신으로부터 자유롭게 방면하기로 결단**한다."(헤겔,《철학대계》3판, 222쪽)

헤겔주의자들에게 엄청난 골칫거리였던 이러한 특이하고 괴상해 보이는 이념들은 다 철저한 **추상**, 즉 추상적 사상가의 일에 불과하다. 이런 추상은 경험을 통해 영악해지고 자신의 진실을 깨달았기에, 오만가지 (그릇되고 그 자체가 여전히 추상적인) 조건을 내걸고 **자신을 단념**하기로 결단한다. 즉 자기 자신으로 머묾, 자신의 존재

---

38 Georg Wilhelm Friedrich Hegel, *Enzyklopädie der philosophischen Wissenschaften im Grundrisse*, 3. vermehrten Auflage, Heidelberg (Oßwald), 1830.

416 하지 않음, 일반성, 무규정성을 자신의 타자 존재, 특수성, 규정성으로 바꾸기로 결단한 것이다. 또한 자신이 한낱 추상이자 사고사물思考事物[39]로 은닉하던 **자연**을 **자신으로부터 자유롭게 방면하기로**, 즉 추상을 버리고 이제 추상으로부터 **자유로워진** 자연을 응시하기로 결단한 것이다. 추상적 이념이 직접적 **직관**이 된다는 것은, 추상적 사유가 자신을 단념하고 **직관**이 되기를 결단한 것일 뿐이다. 이러한 논리학에서 자연철학으로의 이행은 다름 아닌 **추상**에서 **직관**으로의 이행인데, 추상적 사상가는 이런 이행을 성취하기가 너무 힘들어서 그리도 기상천외하게 서술하는 것이다. 철학자를 추상적 사유에서 직관으로 몰고 가는 **불가사의한** 느낌은 **권태**이자 어떤 내용에 대한 동경이다.

(자신으로부터 소외된 인간은 자신의 **본질**, 즉 자연적이고 인간적인 본질로부터 소외된 사상가이기도 하다. 그러므로 그의 생각들은 자연과 인간의 외부에 거주하는 고착된 유령이다. 헤겔은 이런 모든 고착된 유령을 《논리학》에 함께 가두어, 우선 이들 각각을 부정 즉 **인간** 사유의 **외화**로 파악하고, 그다음에는 부정의 부정 즉 이러한 외화의 지양이자 인간 사유의 **현실적** 발현으로 파악했다. 그러나 이런 부정의 부정은 그 자체가 아직 소외에 갇혀 있기에, 한편으로는 이 유령들을 그 소외 속에서 복원하는 것이고, 한편으로는 이런 고착된 유령들의 진정한 현존으로서의 최종 행위에서, 즉 외화

---

[39] 헤겔의 절대의식에 대한 사유에서는, 사물 자체가 사고의 산물인 '사고사물 Gedankending'이 된다.

속 자기 관계에서 멈추는 것이다. {(다시 말해 헤겔은 저 고착된 추상들을 자기 안에서 순환하는 추상 행위로 대체한다. 이를 통해 그가 세운 공적은, 원래 주어졌을 때는 개별 철학자들에게 속했던 이 모든 부적절한 개념의 발상지를 증명하고, 이것들을 개괄하며, 특정한 추상이 아니라 그 모든 범위에서 빠짐없이 길어 올린 추상을 비판 대상으로 삼았다는 점이다.) (우리는 헤겔이 왜 사유를 **주체**로부터 분리했는지를 나중에 살펴볼 것이다. 그러나 이미 분명해진 것은 인간이 없다면 그 본질의 발현도 인간적일 수 없으며, 따라서 사유를 눈과 귀 등을 지니고 사회와 세계와 자연 속에서 살아가는 인간적이고 자연적인 주체로서의 인간 본질의 발현으로 파악할 수도 없다는 점이다.)} 다른 한편으로 이런 추상은 자기 자신을 포착하고 자기 자신에게서 무한한 권태를 느끼기 때문에, 헤겔에게 눈도 이도 귀도 아무것도 없이 사유 속에서만 움직이는 추상적 사유에 대한 단념은 **자연**을 본질로 인정하고 직관으로 옮겨가려는 결단으로 나타난다.)

|XXXIII| 그러나 **자연**도 추상적으로 보면, 즉 인간으로부터 분리되어 그 자체로 고착된 상태로 보면, 인간에게 **아무것도 아니다**. 직관하기로 결단한 추상적 사상가는 으레 자연을 추상적으로 직관한다. 사상가가 그 자신에게도 은폐된 불가사의한 형태의 자연을 절대이념이자 사고사물로서 가두었다면, 그가 자연을 자신으로부터 풀어놓는 것 역시 실은 이 **추상적 자연**, 자연이라는 **사고사물**을 (물론 이제는 사유의 타자 존재이고, 추상적 사유와 구별되는 현실적이고 직관되는 자연이라는 의미를 더해서) 자신으로부터 풀어놓는 것에 불과하다. 혹은 인간적인 언어로 말하자면, 자연을 직관하는

추상적 사상가는 자신이 신적인 변증법에 따라, 자기 안에서 직조할 뿐 결코 현실을 넘겨다보지 않는 사유 노동의 순수한 생산물로서, 무로부터, 순수 추상으로부터 창조한다고 여겼던 존재가 **자연적 규정들의 추상**에 불과하다는 것을 경험한다. 그러므로 추상적 사상가에게 자연 전체는 단지 논리적 추상을 감각적이고 외적인 형식으로 반복할 뿐이다. 그는 이러한 추상 안에서 자연을 다시 **분석한다**. 따라서 그의 자연 직관은 단지 자연 직관으로부터 추상을 확인하는 행위이고, 그의 추상이 산출하는 과정을 의식적으로 반복하는 것이다. 그리하여 예컨대 시간 = 자기 자신과 관계하는 부정성이다(헤겔,《철학대계》3판, 238쪽). 현존으로서 지양된 생성에 자연적 형식으로 상응하는 것은 물질로서 지양된 운동이다. 빛은 **자신에 대한 반성**(반사)의 **자연적** 형식이다. 달과 **혜성**으로서의 물체는 **대립의 자연적** 형식인데, 논리학에서 이 대립의 한편은 **자기 자신에 기초하는 긍정성**이고 다른 한편은 자기 자신에 기초하는 **부정성**이다. 지구는 이 대립의 부정적 통일로서, 논리적 **근거**의 **자연적** 형식이다, 운운.

자연으로서의 자연, 즉 그 안에 은폐된 저 은밀한 의미와는 여전히 감각적으로 구별되는 한에서의 자연(이런 추상과 분리되고 구별되는 자연은 **무**, 즉 자신을 **무로서 입증하는 무**이다)은 **의미가 없거나** 지양되어야 하는 외부성이라는 의미만 있다.

"유한한 **목적론적** 입장에서는, 자연 자체 내에 절대적 목적이

들어 있지 않다고 올바르게 전제한다."(헤겔,《철학대계》3판, 225쪽)

자연의 목적은 추상의 확인이다.

> "자연은 **타자 존재**라는 **형식** 속 이념임이 드러났다. 이념이 이처럼 자기 자신에 대해 부정적인 것이기에, 혹은 **자신의 외부에** 있기에, 자연은 이런 이념에 대해 상대적으로만 외부적이지 않으며, **외부성**은 자연이 자연으로 존재하게 하는 규정을 이룬다."(헤겔,《철학대계》3판, 227쪽)

여기에서 **외부성**은 자신을 **외부화**하고, 빛을 향해, 즉 감각적 인간에게 열리는 **감각**이라고 이해하면 안 된다. 그 외부성은 외화, 오류, 있어서는 안 되는 결함이라는 의미로 받아들여야 한다. 참된 것은 여전히 언제나 이념이기 때문이다. 자연은 이념의 **타자 존재**의 **형식**에 불과하다. 그리고 추상적 사유가 **본질**이므로, 이런 추상적 사유 외부에 있는 것은 그 본질에서 **외부적인 것**에 불과하다. 이와 동시에 추상적 사상가는 자연의 본질이 **감각**이라고, 즉 **자기 안에서** 직조하는 사유에 대립하는 **외부성**이라고 인정한다. 그러나 이와 동시에 그는 이런 대립을 표현할 때, 이런 **자연의 외부성**, 사유와의 **대립**은 자연의 **결핍**이며, 자연은 추상과 구별되는 한에서 결핍된 존재라고 본다. |XXXIV| 그것은 그저 나에게만, 나의 눈

418

에만 결핍된 것이 아니라 그 자체로 결핍된 존재이며, 이런 존재는 그 자신에게 결핍된 무언가를 자기 바깥에 가지고 있다. 다시 말해 그것의 본질은 그 자신과 다른 무언가이다. 따라서 추상적 사상가가 보기에 자연은 자신을 지양해야 한다. 그는 이미 자연을 그 잠재력 면에서 **지양된** 존재로 정립했기 때문이다.

> "**우리에 대해서는 자연**이 정신의 **전제**이지만, 자연의 **진리**이고 따라서 자연의 **절대적 제1자**는 정신이다. 이러한 진리에서 자연은 **사라지고** 정신은 자신의 대자 존재에 도달한 이념으로 드러났는데, 이 이념의 **객체**와 **주체**는 모두 **개념**이다. 이런 동일성은 **절대적 부정성**이다. 자연에서 개념은 완전하고 외부적인 객관성을 지니지만, 이러한 외화는 지양되었고 이 외화 속에서 개념은 자신과 동일하게 되었기 때문이다. 따라서 개념은 자연으로부터의 복귀로서만 이러한 동일성이다." (헤겔, 《철학대계》 3판, 392쪽)

> "**추상적** 이념으로서 **계시**는 자연으로의 직접적 이행이자 자연의 **생성**이지만, 자유로운 정신의 계시로서는 자연을 **정신의** 세계로서 **정립하는** 것이다. 이러한 정립은 반성으로서는 이와 동시에 세계를 자립적 자연으로서 **전제**(선先정립)하는 것이다. 개념들 속에서의 계시는 자연을 정신의 존재로서 창조하는 것인데, 정신은 여기에서 자신의 자유에 대한 **긍정**과 **진리**를 얻

어낸다." "**절대자는 정신이다.** 이것이 절대자에 대한 최상의 정의定義이다."

| 이 번역서는 2024년도 건국대학교 KU학술연구비 지원을 받아 출간되었음.

옮긴이 김태희

건국대학교 모빌리티인문학 연구원 부교수. 서울대학교 철학과를 졸업하고 독일 본대학교 철학과에서 석사 학위를, 서울대학교 철학과에서 박사 학위를 받았다. 지은 책으로 《시간에 대한 현상학적 성찰》, 《현상학, 현대 철학을 열다》(공저), 《모빌리티 에토스 공통문화》(공저), 《모빌리티 존재에서 가치로》(공저), 《비판적 사고와 토론》(공저) 등이 있고, 옮긴 책으로 《사물과 공간》, 《슈뢰딩거 나의 세계관》, 《소외와 가속》, 《사물과 비사물》(공역), 《헤겔의 세계》(공역), 《상상, 이미지의식, 기억》(공역), 《에드문트 후설의 내적 시간의식의 현상학》(공역), 《모빌리티와 인문학》(공역) 등이 있다.

경제학-철학 수고

초판 1쇄 발행 | 2024년 12월 20일

지 은 이 | 카를 마르크스
옮 긴 이 | 김태희
펴 낸 이 | 이은성
편   집 | 구윤희·김다연·홍순용
교   정 | 홍원기
디 자 인 | 파이브에잇

펴 낸 곳 | 필로소픽
주   소 | 서울시 종로구 창덕궁길 29-38, 4-5층
전   화 | (02) 883-9774
팩   스 | (02) 883-3496
이 메 일 | philosophik@naver.com
등록번호 | 제2021-000133호

ISBN 979-11-5783-361-0 93100

필로소픽은 푸른커뮤니케이션의 출판 브랜드입니다.